Marion Sonnenmoser

Einbruch in die Seele

Marion Sonnenmoser

Einbruch in die Seele

Wie Sie mit einem Wohnungseinbruch fertig werden

– ein Selbsthilfebuch

Hinweise und Haftungsausschluss

Dieses Werk ist urheberrechtlich geschützt. Die psychologischen Methoden, die in diesem Buch beschrieben werden, wurden mehrfach wissenschaftlich untersucht. Sie gelten im Allgemeinen als wirksam und werden häufig im Bereich der psychologisch-psychotherapeutischen Selbsthilfe und Therapie eingesetzt. Dennoch kann der Autor keine Garantie für ihre Wirksamkeit geben. Unerwünschte Nebenwirkungen treten nachweislich nur sehr selten auf. Der Autor übernimmt für Schäden oder Unannehmlichkeiten, die durch den Gebrauch oder Missbrauch der Informationen entstehen, keine Verantwortung oder Haftung. Die Nutzung der Informationen und Methoden erfolgt auf eigene Gefahr.

Die Informationen in diesem Buch dienen der Bildung und Selbsthilfe und ersetzen keinesfalls eine persönliche, qualifizierte, medizinische oder psychologisch-psychotherapeutische Diagnose, Untersuchung, Beratung oder Behandlung. Beim Vorliegen psychischer Erkrankungen sollte ein Psychologe, Psychotherapeut oder Facharzt (z.b. Psychiater) aufgesucht werden.

Das Buch wurde sorgfältig gemäß dem aktuellen Kenntnisstand verfasst. Dennoch übernimmt der Autor keine Gewähr für die Aktualität, Korrektheit, Vollständigkeit oder Qualität der bereitgestellten Informationen. Er ist jedoch bemüht, Änderungen des Kenntnisstandes zeitnah in das Buch aufzunehmen.

Impressum

Copyright © 2015 Marion Sonnenmoser
Alle Rechte vorbehalten.
ISBN: 1-5122-5978-0

Dr. Marion Sonnenmoser
Rosenstr. 12, 71696 Möglingen
Internet: einbruch-in-die-seele-jimdo.com

Inhaltsverzeichnis

Vorwort

Einbrüche sind zu einem großen Problem in unserer Gesellschaft geworden. In nur wenigen Jahren ist die Zahl der Einbrüche sprunghaft gestiegen. Wie aktuelle Statistiken zeigen, setzt sich dieser Trend unvermindert fort.

Bei vielen Einbrüchen ist der Gewinn für den Einbrecher oft gering, ganz im Gegensatz zum Schaden, den er anrichtet. Im Hinblick auf den Schaden wird zwischen finanziellem und psychologischem Schaden unterschieden, wobei der psychologische oft größer ist und weitreichendere Folgen hat als der finanzielle.

Der psychologische Schaden besteht darin, dass viele Einbruchsopfer Ängste entwickeln, sich nicht mehr sicher fühlen und ihr Vertrauen in ihre Mitmenschen verlieren. Sie müssen es ertragen, dass jemand in ihre Privatsphäre eingedrungen ist und ihre Sachen durchwühlt, demoliert und gestohlen hat. Manche Betroffenen fühlen sich auch schuldig, weil sie die Einbruchsgefahr zu wenig ernst genommen und sich nicht ausreichend geschützt haben. Hinzu kommt, dass der Einbrecher wichtige und wertvolle Gegenstände entwendet hat, wie z.b. Geld, Schmuck, technische Geräte und andere Wertgegenstände. Das bedeutet nicht nur einen finanziellen Verlust, sondern auch einen Verlust von privaten Informationen und Erinnerungsstücken – letzteres belastet die Einbruchsopfer oft mehr als der Verlust von Geld.

Die Mehrzahl der Einbruchsopfer kommt mit der Zeit über das Geschehene hinweg, vor allem, wenn der finanzielle Schaden durch die Versicherung ersetzt wurde und die letzten Spuren des Einbruchs beseitigt worden sind. Es gelingt ihnen, die Tat hinzunehmen, aber vergessen wird ein Einbruch meistens nicht. Bei einigen Betroffenen entwickeln sich allerdings Ängste vor dem Alleinsein und vor einem erneuten Einbruch. Außerdem haben sie Rachegedanken und sind wütend, reizbar und aggressiv. Viele müssen auch damit fertig werden, dass ihre Mitmenschen ihnen vorwerfen, teilweise selbst schuld zu sein. Ängste, Wut, Schuldgefühle, Hilflosigkeit und andere negative Emotionen, die im Zusammenhang mit dem Einbruch entstanden sind, bleiben bei manchen Betroffenen nicht nur über viele Wochen und Monate hinweg bestehen, sondern verstärken sich mit der Zeit. Sie belasten die Betroffenen, verringern ihr Wohlbefinden und beeinträchtigen ihre Lebensqualität in erheblichem Ausmaß. In diesen Fällen kann psychologische Hilfe angebracht sein.

Dieses Buch gibt Einbruchsopfern psychologische Strategien an die Hand, um sich nach einem Einbruch schnell, unverbindlich und ohne großen Aufwand selbst zu helfen und ihr seelisches Gleichgewicht wieder herzustellen. Es zeigt auf, dass es ganz normal ist, wenn man nach einer erschütternden Erfahrung wie einem Einbruch nicht einfach zum Alltag übergeht, sondern seelisch darunter leidet.

Es informiert über die psychologischen Folgen von Einbrüchen und möchte dazu beitragen, negativen Entwicklungen (z.B. Chronifizierung psychischer Symptome, Traumatisierung) vorzubeugen.

Die Hilfen basieren auf bewährten psychologisch-psychotherapeutischen Verfahren und sind so verfasst, dass sie von Laien in Eigenregie und ohne Vorkenntnisse angewendet werden können. Selbstverständlich ersetzt dieses Buch keine fachgerechte Psychotherapie und will auch keine Konkurrenz zu den bereits bestehenden Beratungs- und Hilfsangeboten sein, wie sie beispielsweise die Polizei oder Opferschutzorganisationen anbieten. Es versteht sich vielmehr als ergänzendes Angebot mit der Besonderheit, dass es die psychologische Seite von Einbrüchen und die Situation der Opfer beleuchtet.

Begleitend zum Buch gibt es eine Website mit weiteren Informationen und Tipps zum Thema: **einbruch-in-die-seele.jimdo.com**.

3

Wissenswertes über Einbrüche und Einbrecher

Im Folgenden finden Sie einige Informationen über Einbrüche und Einbrecher in Fragen und Antworten.

Wie häufig sind Einbrüche?

Jeder dritte Deutsche hat schon einmal einen Einbruch erlebt, entweder bei sich selbst oder bei Angehörigen und Freunden oder in der Nachbarschaft. Laut Polizei zählen Diebstahldelikte, zu denen auch Haus- und Wohnungseinbrüche gerechnet werden, zu den häufigsten Kriminalitätsdelikten. Diebstahldelikte haben in Deutschland einen Anteil von ca. 40 Prozent an der Gesamtkriminalität. Seit 2008 steigt die Zahl der Einbrüche jährlich an (Bundesministerium des Inneren 2013).

Wie häufig werden Einbrüche aufgeklärt?

Laut bundespolizeilicher Kriminalstatistik wurden im Jahr 2013 nur 15,5 Prozent der Einbrüche aufgeklärt, d.h. nur jeder sechste bis siebte Fall. Die Mehrzahl der Einbrüche (84,5 Prozent) wurde hingegen nicht aufgeklärt (Bundesministerium des Inneren 2013). Die Wahrscheinlichkeit, dass ein Einbrecher geschnappt wird und dass ein Opfer das Gestohlene zurückerhält, ist also verhältnismäßig gering.

Was lockt Einbrecher an?

Einbrecher interessiert grundsätzlich, wo es etwas zu holen gibt. Daher werden sie von offen zur Schau gestellten Vermögenswerten und Statussymbolen stets angelockt, z.B. von noblen Wohngegenden, stattlichen Häusern, kostspieligen Autos, von Wertgegenständen wie teuren Möbeln, elektronischen Geräten, Schmuck, Gemälden und anderen Kunstwerken sowie von weiteren augenscheinlichen Hinweisen auf Wohlstand, Luxus und einen aufwändigen Lebensstil (Nöllke 2009).

Darüber hinaus zieht es sie an, wenn ein Vermögen öffentlich bekannt ist oder durch Presse und Mitmenschen bekannt gemacht wird, z.B. im Fall von Adligen, Prominenten, wirtschaftlich erfolgreichen Personen, Erben und Gewinnern.

Was erleichtert das Einbrechen?

Folgende Gegebenheiten machen es Einbrechern leicht, Häuser und Wohnungen auszukundschaften und in sie einzubrechen (Tilley et al. 1991; Townsley et al. 2015):

- *wenig Sichtschutz*: Wenn z.b. Vorhänge fehlen und Rollläden abends nicht heruntergelassen werden, wenn es keine Hecken gibt und wenn freie Sicht auf ein Grundstück und in verschiedene Räume von außen gegeben ist, erleichtert dies das Ausspähen der Vermögenswerte und Lebensgewohnheiten der Bewohner.

- *leichte Erreichbarkeit und Zugänglichkeit*: Häuser und Wohnungen, die in Stadtzentren, an leicht zugänglichen Straßen und Wegen oder in der Nähe von Bundesstraßen, Autobahnen und Bahnstrecken liegen, können von Einbrechern einfach und schnell erreicht und auch wieder verlassen werden, denn sie bieten gute Zugangs- und Fluchtmöglichkeiten. Auch Feuerleitern, Außentreppen, Baugerüste und Bäume machen Häuser und Wohnungen gut erreichbar, sodass die Einbrecher über Balkone und Dachfenster einsteigen können. Leichtes Spiel haben Einbrecher außerdem bei Terrassen- und Kellertüren.

- *Nähe*: Für manche Einbrecher sind nahe zu ihrem Wohnort oder zu ihrer eigenen Wohnung gelegene Häuser und Wohnungen besonders attraktiv, v.a. für junge Täter. Für andere Täter spielt die Nähe des Tatorts zu ihrem eigenen Domizil hingegen keine Rolle.

- *Abgeschiedenheit und Verlassenheit*: Häuser, Hütten und andere Gebäude, die unbewohnt sind und/oder die abgeschieden liegen, d.h. die nur wenige Nachbarn haben oder bei denen die Nachbarn weit entfernt wohnen, sind für Täter interessant, weil das Risiko, bemerkt und erwischt zu werden, gering ist.

- *Anonymität und hohe Fluktuation*: In Orten und Vierteln, in denen häufig ein- und ausgezogen wird und in denen die Bewohner kaum Kontakt haben, sich nicht kennen und nicht aufeinander achten, haben es Einbrecher leicht.

- *fehlender Schutz und mangelnde Sicherung*: Es ist für Einbrecher günstig, wenn es Versteckmöglichkeiten außerhalb und innerhalb des Geländes gibt (z.B. unbeleuchtete Haus- und Kellereingänge, Ecken, Winkel, Hinterhöfe, Unterführungen, U-Bahn-Eingänge, Büsche) und wenn das Haus, die Wohnung oder das Gelände uneinsehbar sind. Das Fehlen von Beleuchtung, Alarmanlagen, Wachpersonal oder anderen Überwachungs- und Warnsystemen (auch Hunden), der Mangel an Zäunen, Ketten, stabilen Verschraubungen, Befestigungen, Sicherheitsschlössern und Verriegelungen sowie das Fehlen von Tresoren, abschließbaren Schränken und Schubladen sowie von Schutzvorrichtungen für elektronische Geräte sind weitere einbruchsbegünstigende Bedingungen.

- *Vergesslichkeit und fehlende Vorsicht*: Einbrecher profitieren davon, wenn Fenster gekippt sind, wenn Türen und Tore nicht abschlossen sind, wenn Fahrzeuge nicht gesichert sind, wenn Geräte nicht passwortgeschützt sind oder wenn wertvolle Dinge offen abgelegt werden.

In der dunklen Jahreszeit (November bis März) geschehen zwar mehr Einbrüche als im Sommer, allerdings schreckt Helligkeit Einbrecher nicht ab. Die meisten Einbrüche geschehen nämlich nicht mitten in der Nacht, sondern während des Tages zwischen 8 und 22 Uhr, hauptsächlich freitags und samstags (Polizeipräsidium Köln 2012).

Was geschieht mit dem Diebesgut?

Mit dem Diebesgut wird je nach Art unterschiedlich umgegangen. Es wird in der Regel versteckt und schnell zu Geld gemacht und darf nicht zurückverfolgbar sein. Einbrecher arbeiten hierzu eng mit Hehlern zusammen. Das Diebesgut wird u.a. anonymisiert (sodass nicht mehr auf den Hersteller oder Besitzer geschlossen werden kann), in einen anderen Zustand überführt (z.b. eingeschmolzen), ins Ausland gebracht, zwischengelagert, in Teile zerlegt, getauscht, versetzt, verliehen, verkauft, ausgegeben, versteigert und bei Gefahr auch weggeworfen oder zerstört. Dass man etwas Gestohlenes unversehrt und vollständig wieder zurückerhält, geschieht relativ selten.

Wer sind die Täter?

Laut bundespolizeilicher Kriminalstatistik und der Kriminalstatistiken der Bundesländer sind Einbrecher folgendermaßen zu beschreiben (Bundesministerium des Inneren 2013):

86 Prozent der Täter sind männlichen Geschlechts. 70 Prozent der Täter sind Deutsche. In letzter Zahl steigt die Zahl der Täter aus dem Ausland jedoch an. 62 Prozent der deutschen Täter begehen Einbrüche in der Stadt (im Landkreis, im Bundesland), in der sie selbst leben, es sind also Ortskundige.

Im Hinblick auf die 23.194 im Jahr 2013 in Deutschland aufgeklärten Fälle wurde festgestellt (Bundesministerium des Inneren 2013):

58 Prozent der Täter begingen den Einbruch allein, 42 Prozent gehörten einer Bande an. 86 Prozent waren schon früher polizeilich in Erscheinung getreten; ein Teil davon beging im Jahr 2013 mehrere Einbrüche.

Nicht wenige Einbrüche wurden unter Alkohol- oder Rauschmitteleinfluss begangen. In einigen Fällen führten die Täter Waffen bei sich. Hierbei handelte es sich um Elektroschockgeräte, Totschläger, Messer, Gaspistolen, Eisenstangen, Pfeffersprays und Revolver. Die Täter setzten solche Waffen als Drohmittel ein und ggf. auch dazu, um ihr Opfer zu verletzen und die Tat vollenden zu können (Ittemann 2003).

Ein Einbruch dauert im Durchschnitt nicht länger als fünf Minuten. Wird der Einbrecher gestört, versucht er normalerweise zu fliehen. Gewalt wendet er nur ausnahmsweise an (Schneider 1993).

Welche Tätertypen gibt es?

In Polizeimeldungen und wissenschaftlichen Publikationen ist von unterschiedlichen Tätertypen die Rede. Die zur Zeit am häufigsten genannten sind (z.B. Vaughn et al. 2008):

- *Drogensüchtige*: Dieser Einbrechertyp begeht Einbrüche, um seine Drogensucht zu finanzieren (Beschaffungskriminalität). Es handelt sich meistens um Einzeltäter, die vor allem bei Geldknappheit und Entzugserscheinungen aktiv werden. Ihre Hemmschwelle ist niedrig. Sie stehlen bevorzugt Dinge, die sich sofort zu Geld machen lassen.

- *Gelegenheitseinbrecher*: Sie sind Spontantäter und nutzen Gelegenheiten, die sich ihnen bieten, um in ein Haus einzudringen, etwa eine nicht abgeschlossene Kellertür oder ein gekipptes Fenster. Die Täter sind ortskundig und gehen meist ungeplant und nicht gewerbsmäßig vor. Ihre Opfer befinden sich oft im Bekanntenkreis oder in der Nachbarschaft. Häufig wird die Tat nicht zuende geführt.

- *Profis*: Für sie ist der Einbruch die Haupterwerbsquelle. Sie sind sowohl in der näheren Umgebung als auch an weiter entfernten Orten tätig. Sie setzen professionelles Werkzeug ein, planen genau und spionieren ihre Opfer vor dem Einbruch gründlich aus.

- *internationale Diebesbanden*: Sie sind schnell, flexibel, mobil und gut vernetzt und schlagen sehr oft zu. Ihre Raubzüge beschränken sich nicht auf ein Land oder eine Region, sondern sie agieren international. Es handelt sich oft um junge Personen unterschiedlicher Nationalitäten, die von organisierten Gruppen ins Land geschleust werden, um gezielt Einbrüche zu begehen und sich danach sofort wieder ins Ausland zurückziehen. Sie stammen oft aus Osteuropa und werden dafür verantwortlich gemacht, dass die Zahl der Einbrüche seit einigen Jahren auffallend steigt.

Was unterscheidet Einbrecher von anderen Tätern?

Kriminalisten unterscheiden Kriminelle u.a. nach Art und Ausmaß der Straftaten, die sie begangen haben. So haben z.b. Mörder andere Beweggründe, Emotionen, Gedanken und Charakterzüge als Betrüger oder Vergewaltiger.

Einbrecher sind unter den Kriminellen wahrscheinlich die heterogenste Gruppe, d.h., dass es nicht „den" Einbrecher gibt, sondern dass verschiedene Motive und Typen (s.o.) existieren. Unter ihnen sind Arbeitsscheue, Lebensuntüchtige, Haltlose, Parasiten, Antisoziale, Gelegenheitstäter sowie Hang- und Berufsverbrecher (Bundeskriminalamt Wiesbaden 1958).

Einbrecher werden in der Regel milde bestraft und verbüßen oft nur kurze Haftstrafen oder erhalten eine Bewährungsstrafe. Im Vergleich zu Kriminellen, die längere Haftstrafen verbüßen, sind sie weniger gewalttätig und brutal (bezogen auf körperliche Gewalt). Beispielsweise greifen Einbrecher weniger an, schlagen seltener zu und benutzen seltener eine Waffe als z.B. Raubmörder. Harmlos sind sie deshalb aber nicht.

11

Einbrecher sehen ihre Straftaten im Vergleich zu anderen Verbrechen als geringfügig an, weil sie ihre Opfer in der Regel nicht körperlich verletzen und der Schaden von den Versicherungen ersetzt wird (Bundeskriminalamt Wiesbaden 1958). Außerdem haben sie kein schlechtes Gewissen, weil sie meinen, dass „es ja keine Armen trifft".

Im Vergleich zu einigen anderen Tätergruppen sind Einbrecher hauptsächlich aufs Geld fixiert. Sie leben oft abhängig, unselbstständig und parasitär und sind nicht bereit, sich anzustrengen. Viele von ihnen sind allgemein erfolglos und unzufrieden. Unter den Kriminellen haben sie die geringste Schulbildung. Sie zeigen keine geistigen Interessen und sind an Fortbildung nicht interessiert. Gefängnisstrafen wirken auf sie kaum abschreckend oder erzieherisch (Bundeskriminalamt Wiesbaden 1958).

Weshalb brechen Einbrecher ein?

Einbrecher wollen sich in erster Linie am Besitz von anderen Personen bereichern. Sie wollen schnell zu Geld kommen und verschaffen sich durch Einbrüche einen „Lebensunterhalt". Darüber hinaus gibt es noch viele weitere Motive, von denen einige hier genannt werden (Kaiser 1996; Tilley et al. 1991):

Manche Einbrecher brechen aus „Zwang" ein, um ihre Drogensucht zu finanzieren, um Schulden zu begleichen oder weil sie erpresst oder dazu gezwungen werden (z.B. Minderjährige).

Ein Teil der Einbrecher bricht aus sozialem Neid ein, um Wohlhabenden zu schaden. Andere werden mehr von den niederen Motiven der Gier und Habgier getrieben.

Möglicherweise sind unter Einbrechern auch Voyeure, die andere Menschen gerne ausspionieren, die neugierig sind, wie andere leben, und denen es Vergnügen bereitet, in die Privatsphäre von Fremden einzudringen.

Einige wenige Einbrecher haben auch sexuelle Interessen. Sie versuchen, ihre Opfer zu überrumpeln, zu quälen und zu vergewaltigen. Sie sind sehr gefährlich und gewalttätig.

Für manchen Einbrecher spielt der Nervenkitzel beim Einbrechen eine Rolle. Der Reiz des Verbotenen und das Risiko, überrascht und geschnappt zu werden, verschaffen diesen Tätern einen Adrenalinkick.

Einbrecher sind im Grunde eher träge, arbeitsscheue Verbrecher. Viele haben keine Schul- oder Berufsausbildung und/oder sind zu faul, einer regulären Arbeit nachzugehen. Deshalb machen sie lieber „das schnelle Geld" mit Einbrüchen. Dazu passt auch, dass Einbrüche Straftaten sind, die relativ wenig Aufwand, Raffinesse, Bildung und Intelligenz erfordern im Gegensatz z.B. zu Straftaten in der Wirtschaft.

Einbrecher bestärken sich in ihrem Tun durch ihre Erfolge, werden aber auch durch gewisse Vorteile zu ihren Taten motiviert. Sie brauchen sich beispielsweise keinen Vorgesetzten oder festen Arbeitszeiten unterordnen. Sie müssen sich nicht anpassen und korrekt verhalten, um ein Einkommen zu erzielen. Stattdessen sind sie „ihr eigener Herr" und können ihr Leben und ihre „Arbeit" – ähnlich wie Freiberufler – nach eigenem Gutdünken gestalten (Schneider 1993).

Für Einbrecher ist es attraktiv, dass Polizei und Justiz relativ wenig gegen sie ausrichten können. Sie wissen, dass die Aufklärungsquoten gering sind. Sie gehen also ein recht geringes Risiko ein, geschnappt und bestraft zu werden.

Einbrechen kann übrigens ziemlich lukrativ sein. Profi-Einbrecher erzielen durch Einbrüche oft ein höheres und regelmäßigeres Einkommen als mit einem normalen Job.

Sind Einbrecher immer vermummt und bewaffnet?

Einbrecher werden in der Regel als schwarz gekleidete Männer mit einer Strumpfmaske über dem Kopf dargestellt. In der Hand halten sie Einbruchswerkzeug. Sie wirken gefährlich und gewaltbereit.

Dass Einbrecher so aussehen, ist allerdings ein Klischee, dem viele Einbrecher nicht entsprechen. Einbrecher sind z.B. nicht immer vermummt, weil sie dann nämlich zu sehr auffallen würden. Auch Waffen oder Einbruchswerkzeug verstecken sie normalerweise, um kein Aufsehen zu erregen. Es sind oft unscheinbare, harmlos und „völlig normal" aussehende Männer und Frauen, auf die beim flüchtigen Hinsehen kein Verdacht fällt (Polizeipräsidium Köln 2012).

Was empfinden Einbrecher gegenüber ihren Opfern?

Es macht Einbrechern nichts aus, anderen Leuten etwas wegzunehmen und ihnen Ängste zu bereiten (Bundeskriminalamt Wiesbaden 1958). Die Gründe dafür liegen bei den Tätern:

- *Die Täter sind Egoisten*: Sie sind eigennützig. Sie denken ausschließlich an sich, ihren Vorteil und ihren Profit.

- *Die Täter sind ohne Skrupel*: Sie haben keine Hemmungen, andere Menschen zu schädigen.

- *Die Täter kennen kein Mitgefühl*: Sie sind gefühlskalt, gnadenlos und gegenüber anderen Menschen gleichgültig.

- *Die Täter besitzen kein Einfühlungsvermögen*: Sie sind nicht fähig oder bereit, sich in die Lage anderer Menschen hineinzuversetzen und sich vorzustellen, was sie ihnen antun.

- *Die Täter kennen keine Moral*: Sie setzen ihre Kräfte dazu ein, um Verbrechen zu begehen und sich Vorteile zu verschaffen. Ihr moralisches Empfinden ist verdreht und unterentwickelt. Sie können Gut und Böse kaum unterscheiden, setzen ihre eigenen Maßstäbe und sind gleichgültig gegenüber den Werten und Normen der Gesellschaft.

- *Die Täter sind asozial*: Viele haben keine Ausbildung und keinen Beruf und wollen nicht arbeiten. Einige erschleichen sich zudem staatliche Bezüge (Sozial- und Fürsorgeleistungen) und leben auf Kosten anderer, ohne eine Gegenleistung zu bringen. Die Täter leben oft nicht in der normalen Gesellschaft, sondern in ihrem eigenen Milieu.

- *Die Täter sind krank und anormal*: Viele Täter haben eine gestörte Persönlichkeit und/oder eine psychische oder psychiatrische Erkrankungen. Außerdem gibt es Hinweise darauf, dass ihr Gehirn gegenüber dem Gehirn nicht-krimineller Menschen verändert ist. Beides ist jedoch weder die alleinige Ursache noch eine Entschuldigung für ihr kriminelles Denken und Handeln.

- *Die Täter sind uneinsichtig*: Reden und bitten bringt bei ihnen nichts. Appelle, Ratschläge, Warnungen oder Drohungen dringen nicht zu ihnen durch. Strafen haben kaum eine läuternde oder abschreckende Wirkung.

- *Die Täter empfinden keine Scham oder Schuld*: Es tut ihnen nicht leid, eine Gelegenheit zum Einbruch zu nutzen oder anderen Schaden zuzufügen. Sie bedauern ihre Taten nicht und zeigen keine Reue.

- *Die Täter sind dreist und gerissen*: Um zu ihrem Ziel zu kommen, ist ihnen jedes Mittel recht. Sie nützen jede Schwäche oder Nachlässigkeit aus und lernen schnell dazu. Sie lassen nichts unversucht, um Hindernisse zu überwinden.

- *Die Täter sind sich treu*: Sie sind von sich aus nicht bereit, sich zu ändern. Solange sie mit ihren Verbrechen durchkommen, machen sie immer weiter. Es kommt nur selten vor und bedarf besonderer Anstrengungen oder Bedingungen, dass ein Täter sein kriminelles Handeln beendet.

Aufgrund dieser Faktoren bringen die Täter kein Mitleid für ihre Opfer auf. Ein Einbrecher wird sich kaum jemals bei einem Opfer entschuldigen oder freiwillig eine Wiedergutmachung anbieten.

Wer wird Opfer von Einbrüchen?

Im Prinzip kann jeder Opfer eines Einbruchs werden. Die Wahrscheinlichkeit ist relativ hoch, wenn man wohlhabend ist, allein lebt, weiblich ist, in höherem Alter ist oder sich nicht im Haus befindet (z.B. weil man bei der Arbeit, ausgegangen oder im Urlaub ist). Diese Merkmale deuten Einbrecher in der Weise, dass sie viel Beute erwarten können, dass das Opfer sie nicht bemerkt oder sich kaum wehrt und dass sie ungestört ans Werk gehen können.

Es ist jedoch ein Irrtum, zu meinen, dass man vor Einbrüchen weitgehend geschützt ist, wenn man diese Merkmale nicht aufweist. Denn es werden sehr wohl auch Häuser und Wohnungen von durchschnittlich wohlhabenden Personen aufgesucht, ja selbst tagsüber und wenn sich die Bewohner im Haus oder in der Wohnung befinden.

Die meisten Menschen glauben, dass es zwar andere, aber keinesfalls sie selbst treffen wird. Das dient dem psychologischen Selbstschutz und hilft dabei, sich nicht unmittelbar bedroht zu fühlen, allerdings ist diese Sichtweise nicht realistisch. Die Einbrecher gehen mittlerweile so massiv und wahllos vor, dass es wirklich jeden treffen kann.

Psychologische Auswirkungen von Einbrüchen

Die psychologischen Auswirkungen von Einbrüchen werden im Vergleich zu den Auswirkungen anderer Gewalttaten wie z.b. Raub oder Mord im Allgemeinen als verhältnismäßig geringfügig angesehen. Daher ist in der Presse oder in anderen Zusammenhängen fast nie die Rede davon, wie es den Geschädigten nach einem Einbruch psychisch ergeht. In Befragungen, die von Polizei- und klinischen Psychologen durchgeführt wurden, gibt es jedoch zahlreiche Hinweise darauf, dass Einbrüche an niemandem spurlos vorübergehen und bei manchen Menschen langwierige Folgen im seelischen Bereich haben können. Zu welchen Ergebnissen solche Befragungen geführt haben, wird im Folgenden berichtet.

Das Zuhause ist ein Ort der Sicherheit und Geborgenheit

Kaum ein Ort ist für die meisten Menschen so wichtig wie ihr Zuhause. Für manchen ist es sogar ein kleines Heiligtum oder eine Burg („My home is my castle"), in das er sich zurückziehen kann und in dem er tun und lassen kann, was er will. Das Zuhause vermittelt üblicherweise Ruhe und Wohlbefinden, Sicherheit und Geborgenheit. Es bietet außerdem die Möglichkeit, sich und seine Persönlichkeit auszudrücken. Die eigenen vier Wände sind also eine Art zweite Haut und somit etwas sehr Privates und

Schützenswertes, was nicht jeder zu sehen bekommt und in das auch nicht jeder eindringen darf (Caballero et al. 2000).

Ein Einbruch ist ein Eindringen in die Privatsphäre

Viele Menschen gestatten längst nicht jedem Zutritt zu ihrem Zuhause. Umso schlimmer ist es für sie, wenn jemand gewaltsam in ihr Heiligstes vordringt. Einbrecher betreten daher nicht einfach nur fremdes Terrain, sondern sie überschreiten die psychologischen Grenzen einer Person und verletzen ihren persönlichen Schutzraum. Dadurch fühlt sich die Person angegriffen und ausgeliefert. Und weil sie die Grenzüberschreitung nicht verhindern konnte, empfindet sie sich zudem als machtlos und verletzlich. Das Wissen um die Verletzung des ganz persönlichen Schutzraums geht mit vielen unangenehmen Gefühlen wie z.b. Wut, Empörung, Ekel und Ängsten einher und wird oft als schlimmer als eine körperliche Verletzung empfunden (Caballero et al. 2000). Somit ist ein Einbruch mehr als eine Gesetzeswidrigkeit – er ist für den Betroffenen ein Einbruch in die Seele.

Ein Einbruch löst viele negative Gefühle aus

Entsetzen, Schock und Nicht-wahrhaben-Wollen sind oft die ersten Reaktionen, die bei Menschen eintreten, wenn sie bemerken, dass bei ihnen eingebrochen wurde. Weitere Reaktionen sind z.B. Erstarrung und Gefühlstaubheit, aber auch Panik und Verwirrung, die von Schwitzen und Herzrasen begleitet werden. Die Betroffenen haben das Gefühl, dass sie nicht sie selbst sind, dass sie alles wie durch einen Filter wahrnehmen oder dass das Geschehen nicht wirklich passiert ist. Es handelt sich um typische Belastungsreaktionen, wie sie auch in Folge von anderen, gravierenderen Ereignissen wie z.b. nach einem Unfall oder dem Tod eines geliebten Menschen auftreten (Beaton et al. 2000).

Die meisten Einbruchsopfer erholen sich nach dem ersten Schock jedoch bald schon so weit, dass sie zumindest handlungsfähig werden und in der Lage sind, die Polizei zu rufen und festzustellen, was gestohlen wurde.

Aber sobald sich der erste Trubel gelegt hat und die Einbruchsopfer erstmals alleine in ihrer Wohnung sind, wird es schwierig für sie. Zum einen erleben sie ein Wechselbad der Gefühle aus Wut, Aufgebrachtheit und Empörung einerseits sowie Niedergeschlagenheit und Teilnahmslosigkeit andererseits (Beaton et al. 2000). Zum anderen ist es nur schwer zu ertragen, dass jemand heimlich und gewaltsam eingedrungen ist, Türen, Fenster und Einrichtungsgegenstände beschädigt, die Wohnung durchwühlt und Sachen gestohlen hat.

In diesem äußeren und inneren Chaos fühlen sich viele Geschädigte allein gelassen, überfordert und schutzlos. Denn die Wohnung ist nicht länger ein Ort des Schutzes und der

Sicherheit, sondern ein Ort, an dem ein Verbrechen stattgefunden hat, ein Ort, der unsicher geworden ist (und es vielleicht immer noch ist) und der viele negative Gedanken und Gefühle hervorruft. Die Opfer fühlen sich in den eigenen vier Wänden nicht mehr wohl. Im schlimmsten Fall ist es ihnen nicht mehr möglich, noch länger in der Tatwohnung zu bleiben. Sie suchen sich dann ein neues Zuhause. Dies ist zwar mit hohem Aufwand verbunden, erscheint aber etwa einem Viertel aller Einbruchsopfer als einziger gangbarer Weg.

Die Geschädigten müssen trotz Belastung funktionieren

Auch wenn die Betroffenen Zeit brauchen, um zu realisieren, was geschehen ist, so müssen sie doch in der Zeit nach dem Einbruch „funktionieren" und vieles leisten:

- Sie müssen feststellen, wie und wo eingebrochen wurde und welche Schäden an Fenstern, Türen und Einrichtungsgegenständen entstanden sind.

- Sie müssen mit der Polizei, mit Behörden und mit Versicherungen zusammenarbeiten.

- Sie müssen die Wohnung oder das Haus aufräumen und wieder bewohnbar machen.

- Sie müssen die Schäden beseitigen oder reparieren und die Sicherheit des Hauses oder der Wohnung wieder herstellen oder erhöhen.

- Sie müssen gestohlene Papiere und Unterlagen ersetzen sowie Scheckkarten und Geräte sperren lassen.

- Sie müssen eine Zeit lang ohne die entwendeten Papiere und Gegenstände auskommen.
- Sie müssen die Verluste, die sie erlitten haben, finanziell und emotional verkraften oder ausgleichen.
- Sie müssen sich mit Kriminalität auseinandersetzen.
- Sie leiden unter Ärger, Wut und Hass, aber auch unter Schuldgefühlen, Albträumen und Ängsten.
- Sie müssen ihren Alltag organisieren und ihr Berufs- und Privatleben weiterführen.
- Manche Opfer müssen sich auch ein neues Zuhause suchen.

Die Bewältigung solcher Aufgaben ist mitunter ziemlich zeitaufwändig und muss trotzdem so reibungslos wie möglich ablaufen, auch wenn die Eindrücke von der durchwühlten Wohnung noch frisch sind. Es geht daher vieles nur langsam voran und wird von den Opfern als unangenehm und mühselig empfunden.

Ein Einbruch verändert die Opfer

Ein Einbruch hinterlässt bleibende Spuren im Leben der meisten Einbruchsopfer. Etwa zwei Drittel der Betroffenen „erholen" sich nach einiger Zeit wieder. Es gelingt ihnen, sich zu beruhigen und wieder in ihr bisheriges Leben zurückzufinden. Negative Emotionen wie Wut, Ärger oder Angst lassen allmählich nach, und neutrale und positive Gefühle und Stimmungslagen gewinnen die Oberhand.

Trotz dieser „Normalisierung" bleibt ein Einbruch für die Betroffenen ein prägendes Erlebnis, das nicht mehr vergessen wird. Etwa zwei Drittel der Opfer, die sich weitgehend regeneriert haben, verspüren auch Monate und Jahre nach dem Einbruch noch ein generelles Gefühl von Unbehagen und Unsicherheit (Caballero et al. 2000).

Bei einem Drittel der Geschädigten verläuft die psychische Verarbeitung eines Einbruchs jedoch langsamer und komplizierter, weil sie innerlich nicht so robust (resilient) veranlagt sind oder keine effizienten Verarbeitungsstrategien besitzen (Baurmann u. Schädler 1999). Sie haben ein hohes Risiko, in Folge eines Einbruchs zahlreiche Symptome und Störungen zu entwickeln, die über Wochen und Monate – in manchen Fällen sogar über Jahre – bestehen bleiben.

Charakteristisch für diese sensiblen Einbruchsopfer ist, dass sie ihr Verhalten und ihre Einstellungen ändern: Sie vertrauen kaum noch jemandem und sind verängstigt.

Sie sichern sich ständig nach allen Seiten ab und geben Tätigkeiten auf, die ihnen vorher Spaß gemacht haben, weil sie ihnen jetzt auf einmal unsicher und gefährlich erscheinen. Sie fühlen sich weniger fröhlich, gesellig und vertrauensvoll als vor dem Einbruch. Sie gehen weniger aus dem Haus. Sie laden seltener andere Leute ein und nehmen weniger Einladungen an als früher, und sie sind davon überzeugt, dass sie nirgends mehr auf der Welt sicher sind.

Außerdem trauern sie sehr um das Gestohlene, vor allem wenn es sich um Gegenstände mit Erinnerungswert handelt. Auch wurde den Betroffenen durch den Einbruch klar, wie schnell es einen „treffen" und man zum Opfer werden kann.

Angst wird plötzlich zu einem bestimmenden Faktor. Viele Geschädigte entwickeln z.b. große Angst davor, erneut zum Opfer zu werden, etwa eines weiteren Einbruchs oder eines Überfalls. Sie haben jedes Mal Angst, wenn sie nach Hause kommen und die Wohnungstür öffnen, dass wieder etwas passiert ist. Viele fürchten sich auch davor, dass der Einbrecher zurückkommt und ihnen etwas antut. Hinzu kommt eine gesteigerte Angst vor Kriminalität (Ittemann 2003). Einbruchsopfer werden durch den Einbruch sensibilisiert und befürchten insgesamt mehr Kriminalität in ihrem persönlichen Umfeld und in der Gesellschaft.

Manche Betroffene entwickeln außerdem ganz neue Ängste, die sie vorher noch nicht hatten. Beispielsweise fürchten sie sich jetzt im Dunkeln, während sie vor dem Einbruch furchtlos durch die Dunkelheit gegangen sind. Sie können nachts nur noch mit Licht schlafen, sie können nicht mehr alleine sein, und sie schrecken beim leisesten Geräusch zusammen.

Für viele ist jedoch die Verletzung der Privatsphäre das Schlimmste an einem Einbruch. Sie wiegt für sie schwerer als der Verlust teurer Gegenstände (Polizeipräsidium Köln 2012).

Diese Auswirkungen eines Einbruchs beeinträchtigen die Lebenszufriedenheit von zahlreichen Einbruchsopfern erheblich. Die Betroffenen können das Leben nicht mehr so leicht nehmen und genießen wie zuvor. Bedauerlicherweise bleiben die negativen Auswirkungen von Einbrüchen auf die Lebenszufriedenheit bei manchen Menschen sehr lange bestehen (Staubli et al. 2014). Die Zeit heilt also nicht bei jedem (Einbruchsopfer) alle Wunden.

Einbrüche können traumatisieren

Einbrüche werden von der Polizei, von Richtern, Ärzten, Psychologen und oft auch von den Opfern selbst im Hinsicht auf ihre psychologischen Auswirkungen weniger ernst genommen als andere Delikte.

Gründe hierfür sind, dass es in der Regel zu keinem direkten Täter-Opfer-Kontakt kommt, dass das Opfer zwar finanziell, aber nur selten auch körperlich geschädigt wird, und dass der materielle Schaden oft relativ geringfügig ist.

Es wird dabei jedoch übersehen, dass die Psyche der Betroffenen trotzdem beschädigt werden kann. Dass diese Schäden in manchen Fällen gravierender sind als gemeinhin angenommen, bestätigen polizei- und traumapsychologische Untersuchungen. So steht beispielsweise im Bericht des Polizeipräsidiums Köln (2012), dass ein Wohnungseinbruch ein stark belastendes Ereignis für den Geschädigten und sein soziales Umfeld sei, das bis hin zu einer Traumatisierung führen kann. Experten schätzen, dass über die Hälfte der Opfer nach einem Einbruch zeitweise traumatisiert ist. Jeder Fünfte ist so schwer traumatisiert, dass er langfristig unter verschiedenen Beschwerden leidet.

In Folge von Einbrüchen können viele Störungen auftreten

Im Zusammenhang mit Einbrüchen können verschiedene Symptome und Störungen im psychischen und körperlichen Bereich ausgelöst, verstärkt oder aufrechterhalten werden, weil Einbrüche als aversive Erlebnisse gelten, die mit einer hohen Stressbelastung einhergehen (Caballero et al. 2000).

Die Störungen treten beispielsweise in den Bereichen Schlafen (nicht ein- oder durchschlafen können, Alpträume haben), Konzentration (sich schlecht konzentrieren können, nicht aufmerksam sein), Antrieb (etwas ständig hinauszögern, energielos sein, nichts zuende bringen, sich für nichts mehr interessieren), Leistung (matt sein, keine Energie haben, zu wenig leisten, viele Fehler machen) und Nahrungsaufnahme (zu wenig oder zu viel essen) auf.

Auch diffuse Schmerzen, die keine organische Ursache haben, werden häufig beobachtet, z.B. Schmerzen in den Bereichen Kopf, Magen, Darm, Herz, Kreislauf, Haut und

27

Rücken. Darüber hinaus sind körperliches Unbehagen, Übelkeit und Zittern oft auftretende Folgeerscheinungen. Sie können zu häufigen Krankschreibungen bis hin zur Berufsunfähigkeit führen.

Im Bereich von Psyche und Nerven können massive Ängste und eine erhöhte Wachsamkeit (Arousal) auftreten, welche mit Rückzug, Schreckhaftigkeit, Reizbarkeit, Nervosität, einem übertriebenem Risikobewusstsein, einem erhöhten Sicherheitsbedürfnis sowie mit ausgeprägtem Absicherungs- und Kontrollverhalten einhergehen. Auch Panikattacken und Kurzschlussreaktionen sind nicht unüblich. Darüber hinaus fühlen sich die Geschädigten oft gestresst und nicht mehr so belastbar wie früher. Sie haben das Gefühl, nicht mehr der Alte (also die frühere Person) zu sein. Einige Einbruchsopfer, die sich vor Gegenständen oder Räumen ekeln, die der Täter angefasst oder betreten hat, verfallen in regelrechte Putz- und Waschzwänge. Manche weinen auch öfter, grübeln viel und geraten in depressive Verstimmungen.

Typische Gefühle in Reaktion auf einen Einbruch sind Ärger, Wut, Empörung, Zorn, Angst, Furcht, Sorge, Unruhe, Verunsicherung, Verletzlichkeit, Hilflosigkeit, Unsicherheit, Misstrauen, Überforderung und Schuldgefühle. Jeder Geschädigte reagiert hierbei auf seine Weise. Die verschiedenen Gefühle treten in der Regel nicht konstant und auch nicht alle auf einmal auf – manchmal stehen beispielsweise eher Ärger und Empörung im Vordergrund, dann wieder Hilflosigkeit und Furcht. Sie haben jedoch eines gemeinsam: Sie sind unangenehm.

Um diese Gefühle zu vertreiben, greifen einige Einbruchsopfer zu Sucht- und Betäubungsmitteln wie etwa Alkohol, Drogen, Schlaf- und Beruhigungspillen. Dieses Verhalten löst jedoch nicht die ursächlichen Probleme, sondern schafft nur neue und hindert die Psyche daran, den Einbruch zu verarbeiten.

Die beschriebenen Störungen, Symptome und Gefühle können auch längere Zeit nach einem Einbruch noch vorhanden sein und immer wieder auftreten.

Die Wahrscheinlichkeit, dass sie eines Tages von selbst nachlassen oder verschwinden, ist zwar gegeben, es gibt dafür jedoch keine Garantie (Beaton et al. 2000).

Dispositionen, Charakter und Ressourcen spielen eine Rolle

Welche Symptome, Störungen und Gefühle auftreten, ist von verschiedenen Faktoren abhängig: Dazu zählen beispielsweise körperliche und psychische Dispositionen, also die persönlichen „Achilles-Fersen" oder Schwachpunkte. Sie melden sich immer zuerst, wenn Stress oder Krankheiten auftreten.

Außerdem spielt es eine Rolle, welches Ausmaß der Einbruch hatte. Wenn er beispielsweise mit starken Beschädigungen und Verwüstungen einherging, wenn das Opfer vom Einbrecher bedroht und verletzt wurde und wenn Gefahr für Leib und Leben des Opfers bestand, dann ist es wahrscheinlicher, dass viele der genannten Störungen auftreten.

Darüber hinaus ist der Charakter des Opfers ausschlaggebend. Bestimmte Charaktereigenschaften helfen dabei, ein negatives Ereignis relativ gut zu verkraften, andere wiederum erschweren oder verhindern es. Beispielsweise werden Menschen, die optimistisch, selbstbewusst und „unverwüstlich" sind und über eine „Wegsteck"-Mentalität verfügen, schneller mit einem Einbruch fertig. In sich gekehrte Menschen neigen hingegen zum Rückzug und zum Grübeln, was die Bewältigung erschwert. Und emotional instabile Menschen können von einem Einbruch regelrecht aus der Bahn geworfen werden, sodass dass sie ihren Alltag nicht mehr bewältigen können und psychotherapeutische Hilfe benötigen.

Nicht zuletzt sind auch persönliche Lebenserfahrungen, die individuellen Konfliktbewältigungsstrategien, das Ausmaß an Selbstsicherheit sowie die Ressourcen des Einbruchsopfers von Bedeutung. Unter Ressourcen versteht man z.B. die Erfahrungen einer Person und ihren früheren Umgang mit Krisen und negativen Erlebnissen, die Fähigkeiten,

Kenntnisse und finanziellen Kapazitäten, die einer Person zur Bewältigung von Problemen zur Verfügung stehen, sowie die Unterstützung, die sich eine Person holen kann oder die sie von anderen erhält (Chung et al. 2014).

Die Angehörigen sind mit betroffen

In Haushalten, in denen mehrere Personen leben, sind alle von einem Einbruch mit betroffen. Auch wenn ein Familienmitglied mehr als andere geschädigt wurde oder am ehesten versteht, was geschehen ist, werden doch die anderen ebenfalls von einem Einbruch in Mitleidenschaft gezogen.

Säuglinge und Kindergartenkinder begreifen natürlich noch nicht, was ein Einbruch ist. Aber sie merken, dass die Eltern angespannt, gereizt und besorgt sind, sie spüren vielleicht die Spannungen in der Familie, und sie bekommen mit, dass die Eltern mehr aufpassen, vorsichtiger sind und alles häufiger kontrollieren als vorher. Das überträgt sich auf die Kinder, so dass sie ebenfalls verunsichert werden, unruhiger sind als sonst und eventuell häufig weinen.

Ältere Kinder verstehen schon eher, was ein Einbruch ist. Wenn sie bisher in einer „heilen Kinderwelt" gelebt haben und ihnen noch nie etwas ernsthaft Böses widerfahren ist, kann die erste Konfrontation mit einer kriminellen Tat schockierend für sie sein. Sie können dadurch stark verunsichert werden und massive Ängste entwickeln.

Dies äußert sich darin, dass sie anhänglicher werden und mehr als bisher den Schutz der Eltern suchen und dass sie in ihrer Entwicklung Rückschritte machen. Beispielsweise werden Kinder, die sich bisher forsch die Welt eroberten und schon recht selbstständig waren, wieder unselbstständiger und abhängiger. Sie trauen sich kaum noch etwas zu und verlassen nur noch selten ihr Zimmer. Kinder, die durch einen Einbruch traumatisiert worden sind, können auch nicht mehr im Dunkeln allein sein. Sie können nur schlecht ein- und durchschlafen und wollen die Nacht im Bett der Eltern verbringen. Manche brauchen auch wieder ihr Schmusetier oder ihren Schnuller, selbst wenn sie diese schon abgelegt haben. Einige Kinder nässen auch wieder ein oder werden von Albträumen geplagt.

Ältere Kinder orientieren sich ebenso wie jüngere hauptsächlich an den Eltern, um den Einbruch einzuordnen. Sie hören zu, wie sich die Eltern über ihre Ängste im Hinblick auf den Einbruch und den Einbrecher unterhalten, und übernehmen eventuell diese Ängste. Sie entwickeln Phantasien, bevölkert von dunklen, bedrohlichen Gestalten, die sie zusätzlich ängstigen. Und sie erleben die Eltern hilflos, was ihnen das Gefühl vermittelt, dass sie zuhause nicht mehr in Sicherheit sind und dass die Eltern sie eventuell nicht beschützen können. Möglicherweise befürchten sie auch, dass der „böse Mann" wieder kommt und dass sie vielleicht sogar in Gefahr sind (Ittemann 2003).

Kinder und Jugendliche können ihre Gefühle noch nicht so gut deuten und äußern wie Erwachsene. Sie spüren zwar, dass etwas nicht stimmt, können dies aber nicht in Worten ausdrücken und gar rational erklären. Stattdessen zeigen sie auffällige Verhaltensweisen, Emotionen und Stimmungen. Hierbei sind zwei Richtungen beobachtbar, nämlich entweder der Rückzug nach innen oder der Ausbruch nach außen:

- Mit dem Rückzug nach innen gehen oft depressive Verstimmungen und ängstliches Verhalten einher. Die Kinder wirken verschlossen und unzugänglich. Sie sprechen kaum noch oder weinen still. Sie sind nicht mehr unbeschwert und vergnügt, sondern schwermütig und apathisch. Sie haben Angst vor fremden Menschen, Situationen und Umgebungen, verlieren schnell den Mut und interessieren sich kaum noch für etwas. Dadurch ist es nicht einfach, an sie heranzukommen.

- Der Ausbruch nach außen trägt aggressive Züge. Die Kinder sind angespannt und reizbar. Sie neigen dazu, sich schnell provoziert zu fühlen und überzureagieren, z.B. indem sie freche Antworten geben, ungezogene Ausdrücke rufen, um sich schlagen oder willkürlich etwas zerstören. Sie gehorchen nicht mehr und halten sich auch nicht an Regeln. Ihre starke Aggressivität fällt unangenehm auf und erschwert es, vernünftig mit ihnen umzugehen.

Beide Verhaltensweisen sind keine böse Absicht, sondern ein Ausdruck dafür, dass ein Kind oder Jugendlicher emotional aufgewühlt ist und dass es ihm psychisch nicht gut geht. Er kann es nur nicht anders zeigen.

Ob ein Kinder oder Jugendlicher eher mit Rückzug oder Aggressionen reagiert, hängt vom Geschlecht und vom Temperament ab. Aktive, selbstbewusste Kinder und Jungen tendieren eher zu Aggressionen, wohingegen stille, schüchterne Kinder und Mädchen eher zum Rückzug neigen.

Wenn über die Sorgen und Gefühle der traumatisierten Kinder in der Familie nicht rechtzeitig und offen gesprochen wird, können sich die bereits bestehenden Auffälligkeiten verstärken und weitere Probleme beispielsweise in der Familie, im Freundeskreis, in der Schule sowie im Bereich der Gesundheit nach sich ziehen. Beispielsweise wird dadurch das Verhältnis zwischen den Familienmitgliedern immer angespannter, und es kommt häufig zum Streit. Die Eltern empfinden die Erziehung und den Umgang mit den Kindern als belastend, während die Kinder zunehmend das Vertrauen in die Eltern verlieren. In der Folge fühlen sich die Kinder zuhause nicht mehr geborgen und kommen auch in der Schule und mit Gleichaltrigen immer weniger klar. Sie treffen sich seltener mit ihren Freunden oder trennen sich von ihnen. Ihre Schulleistungen werden schlechter, oder sie verweigern den Schulbesuch. Zusätzlich leiden sie unter Konzentrationsproblemen und diffusen körperlichen Beschwerden wie Kopf- und Bauchweh oder unbestimmbaren Schmerzen.

Bleiben solche Negativentwicklungen über längere Zeiträume unbeachtet und unbehandelt, können sie dazu führen, dass die betroffenen Kinder und Jugendlichen psychische Störungen entwickeln wie z.B. Angststörungen und Depressionen. Es kann auch passieren, dass sie in falsche Kreise geraten, die Familie verlassen und untertauchen oder auf der Straße leben, sich hochriskant verhalten sowie Alkohol und Drogen konsumieren. Manche versuchen auch, ihre Gefühle zu regulieren und ihre inneren Spannungen abzubauen, indem sie sich selbst verletzen oder anderen Schaden zufügen. Bei großer Verzweiflung oder Resignation kann es auch zu Suizidgedanken und -versuchen kommen.

Solche Signale sind sehr ernst zu nehmen und sollten von den Eltern oder von den betroffenen Kinder und Jugendlichen nicht allein, sondern mit Unterstützung durch entsprechend ausgebildete Experten wie z.B. Sozialpädagogen oder Kinder- und Jugendlichenpsychotherapeuten bewältigt werden.

Nicht nur die jüngeren, auch die älteren Familienmitglieder leiden auf eine bestimmte, nicht immer sofort erkennbare Weise unter Gewalttaten. Ein Einbruch kann bei Senioren z.B. schnell das Gefühl aufkommen lassen, schwach, hilflos und ausgeliefert zu sein, weil sie sich körperlich kaum noch gegen einen jüngeren, kräftigen Täter zur Wehr setzen können. Zudem geben sich Ältere schneller selbst Schuld an einem Einbruch als Jüngere, weil viele weniger gut sehen und hören als früher und meinen, dass sie deshalb den Einbrecher nicht bemerkt haben; außerdem weil viele vergesslich sind und glauben, deshalb eine Tür oder ein Fenster offen gelassen zu haben, sodass der Einbrecher ungehindert einsteigen konnte. Dass dies alles auch Jüngeren passieren kann, berücksichtigen sie bei diesen Selbstbeschuldigungen nicht. Schuldgefühle und Selbstvorwürfe lösen bei nicht wenigen älteren Menschen Scham aus, die zu Rückzug und Isolation führen kann.

Ein Einbruch schürt bei älteren Menschen zudem allgemeine Ängste vor Kriminellen, die sich hauptsächlich Senioren als Opfer aussuchen. Das führt dazu, dass Ältere, selbst wenn sie noch nicht zum Einbruchsopfer geworden sind, kaum noch ihre Wohnung oder ihr Haus verlassen, weil sie meinen, es bewachen oder sich schützen zu müssen. Manche bewaffnen sich auch mit einem Hammer, einer Schere oder einem Messer, um sich im Notfall gegen den Täter verteidigen zu können.

Da die älteren Generationen dazu erzogen wurden, über Probleme nicht zu reden, kann es sein, dass ein älterer Mensch lange Zeit still unter den psychologischen Auswirkungen eines Einbruchs leidet, ohne dass er sich dazu äußert oder andere dies bemerken.

Bei betagten Menschen, die das Ende des Zweiten Weltkriegs und die Besatzungszeit miterlebt haben, werden durch traumatisierende aktuelle Ereignisse auch alte Traumatisierungen wieder geweckt. Sie fühlen sich z.b. angesichts einer Gewalttat oft an zurückliegende Gräuel erinnert. Ein Einbruch kann in ihnen beispielsweise Erinnerungen an Plünderungen, Enteignungen und Verwüstungen durch Soldaten wach rufen. Wurden diese Erlebnisse noch nicht verarbeitet, sondern nur verdrängt, können sie bei älteren Menschen wieder hoch kommen und erneut viel Leid auslösen.

Nach der direkten folgt oft die indirekte Schädigung

Ein Einbruch ist eine direkte Schädigung (primäre Viktimisierung), die an sich schon genug Probleme bereitet. Allerdings erleben viele Opfer in der Zeit danach zusätzlich eine indirekte Schädigung (sekundäre Viktimisierung), und zwar durch Polizisten, Richter, Ärzte, Psychologen, Angehörige, Freunde und Bekannte (Baurmann u. Schädler 1999).

Eine indirekte Schädigung besteht darin, dass der Betroffene beispielsweise von Polizisten oder Richtern unbeteiligt und unsensibel behandelt, nicht genug ernst genommen oder nach seinem Empfinden nicht ausreichend informiert wird. Als schmerzlich empfindet es der Geschädigte außerdem, wenn mit wiedergefundenem Diebesgut, also mit seinem Eigentum, unachtsam umgegangen wird. Darüber hinaus fühlt er sich benachteiligt, wenn er den Eindruck hat, dass zu wenig unternommen wird, um den Einbruch aufzuklären, oder dass der Einbrecher zu mild bestraft wird. Auch Ärzte und Psychologen können an dieser Art der indirekten Schädigung teilhaben, indem sie nicht genug auf die Ängste und Sorgen des Opfers eingehen und seine Probleme als Lappalien abtun oder indem sie ihm nicht ausreichend fachgerechte Hilfe zukommen lassen.

Eine indirekte Schädigung kann außerdem dadurch entstehen, dass das soziale Umfeld des Geschädigten ihm eine Mitschuld am Einbruch gibt. Seine Mitmenschen unterstellen ihm, nicht vorsichtig genug gewesen zu sein und den Einbruch geradezu provoziert zu haben. Dies geschieht relativ häufig und geht hauptsächlich von den direkten Angehörigen (von Partnern, Eltern, Geschwistern und anderen Verwandten) eines Einbruchsopfers aus – also gerade von denjenigen Personen, von denen es sich noch am ehesten Hilfe und Verständnis erhofft.

Viele Einbruchsopfer haben ohnehin schon Schuldgefühle. Sie werfen sich vor, nachlässig gewesen zu sein und sich der Illusion hingegeben zu haben, dass es sie schon nicht treffen wird. Zudem glauben sie, die Gefahr auf die leichte

Schulter genommen und nicht genug in eine fachgerechte Sicherheitstechnik investiert zu haben.

Etwa die Hälfte der Opfer sieht bei sich eine Mitschuld, insbesondere Frauen (Baurmann u. Schädler 1999). Wenn dann auch noch mehr oder weniger offen ausgesprochene Vorwürfe hinzukommen, können sich die Schuldgefühle so sehr steigern, dass die Betroffenen in eine ernsthafte Krise geraten (Bundeskriminalamt Wiesbaden 1996).

Die Geschädigten sind wütend auf den Einbrecher

Die Mehrzahl der Opfer empfindet negative, aggressive Gefühle wie Verärgerung und Wut gegenüber dem Täter. Direkt nach dem Einbruch sind die Gefühle oft noch diffus und gehen beispielsweise mit Grübeln einher (z.b. wer der Täter ist, weshalb er eingebrochen ist und was man falsch gemacht haben könnte); später werden sie jedoch oft klarer, eindeutiger – und heftiger: Bei relativ vielen Opfer klingen die ersten negativen Gefühle nämlich nicht ab, sondern verstärken sich im Lauf der Zeit, sodass sich z.b. aus einer anfänglichen Verärgerung eine massive Wut, starke Aggressionen, Rachegedanken oder auch Hass auf den Einbrecher entwickeln können.

Es tritt darüber hinaus eine Verhärtung ein. Sie zeigt sich darin, dass die Opfer mit der Zeit eine immer höhere Bestrafung fordern und immer weniger bereit sind, eine mögliche Entschuldigung oder Wiedergutmachung des Einbrechers zu akzeptieren.

Eine Besonderheit beim Delikt Wohnungseinbruch besteht darin, dass der Täter für das Opfer in der Regel ein Unbekannter ist. Einbruchsopfer bekommen den Einbrecher nur selten zu Gesicht. Der Täter ist deshalb wie ein Phantom. Folglich gibt es niemanden Konkretes, gegen den die Opfer ihre Wut und andere Gefühle richten können. Das erschwert die psychische Verarbeitung eines Einbruchs.

Eine weitere Besonderheit ist die Verletzung der Privatsphäre einer Person. Dies führt bei manchen Betroffenen dazu, dass sie sich im übertragenen Sinne „beschmutzt" und „besudelt" fühlen und starke Ekelgefühle gegenüber dem Täter und allem, was er betreten und angefasst hat, entwickeln.

Zu den negativen Gefühlen gegenüber dem Täter gesellen sich manchmal weitere negative Gefühle gegenüber bestimmten Personen und Institutionen hinzu. Beispielsweise löst es bei Einbruchsopfern Frustration aus, wenn sich die polizeilichen Ermittlungen auf die Spurensicherung beschränken und die Anzeige gegen den Einbrecher nach einiger Zeit ergebnislos im Sand verläuft. Ebenso ist es frustrierend, wenn der Täter zwar gefasst, aber bald schon wieder laufen gelassen oder nur sehr mild bestraft wird. Ärgerlich für Einbruchsopfer ist es zudem, dass die Ermittlungen gegenüber Einbrecherbanden, die vom Ausland aus agieren, an den Landesgrenzen oft enden.

Darüber hinaus macht es Einbruchsopfer wütend und traurig, wenn die Versicherungen nicht für alle Schäden aufkommen und wenn Vermieter nichts in den Einbruchsschutz investieren wollen. Ebenfalls frustrierend und nicht nachvollziehbar ist es für Einbruchsopfer, wenn sich die Nachbarn weiterhin leichtsinnig verhalten, obwohl sie von den Einbruchsopfern auf Schwachstellen und Fehlverhalten hingewiesen und um gegenseitige Unterstützung beim Schutz vor Einbrechern gebeten worden sind.

Nur ein kleiner Teil der Opfer versucht, sich in den Täter hineinzuversetzen und nach Gründen für sein Verhalten zu suchen oder ihm gar zu verzeihen. Ebenso haben nur sehr wenige Betroffene Mitleid mit dem Täter (Baurmann u. Schädler 1999).

Die Geschädigten fordern Bestrafung der Täter

Die große Mehrheit der Einbruchsopfer fordert, dass die Täter gefasst und bestraft werden und dass ihnen in Zukunft mehr Einhalt geboten wird. Die Geschädigten sehen hier vor allem die Polizei und die Justiz in der Pflicht. An besonders harten Strafen und einem hohen Strafmaß sind jedoch nur wenige Opfer interessiert.

Relativ viele Einbruchsopfer wollen, dass der Täter auf jeden Fall bestraft wird. Sie sehen jedoch keinen Sinn darin, dass er eine lange Gefängnisstrafe absitzt, weil sie befürchten, dass er in der Haftanstalt durch andere Kriminelle zu weiteren und schwereren Straftaten angestiftet wird. Sie würden es vorziehen, dem Täter vor Augen zu führen, wie es seinen Opfern ergeht. Sie hätten es außerdem gerne, wenn dem Einbrecher ein anständiger „Denkzettel" verpasst würde. Auch erzieherische und sozialisierende Maßnahmen wie z.b. eine Tätigkeit zum Allgemeinwohl (Arbeitsdienst) fänden die Opfer sinnvoll (Baurmann u. Schädler 1999; Bundeskriminalamt Wiesbaden 1996).

Der psychologische Schaden ist kaum wieder gut zu machen

Untersuchungen, bei denen Einbruchsopfer befragt wurden, ob eine Wiedergutmachung möglich wäre und wie sie aussehen sollte, zeigen: Vielen Betroffenen ist es wichtig, dass zunächst einmal der finanzielle Schaden ausgeglichen wird. Dies geschieht üblicherweise durch eine Versicherung. Dass sie einen Teil der Beute zurückerhalten, erwarten die Betroffenen hingegen nicht, weil ihnen dies unrealistisch erscheint. Allerdings fühlen sich die meisten Opfer eher psychisch als materiell geschädigt – und dagegen kann ein finanzieller Ausgleich nichts ausrichten.

Kaum verzeihen können die Geschädigten den Verlust von persönlichen Erinnerungsstücken, weil deren ideeller Wert nicht mit einem Geldwert ausgeglichen und auch nicht durch etwas anderes ersetzt werden kann.

Der Verlust löst bei vielen Betroffenen großen Kummer und Verbitterung aus (Kuroki 2013).

Auch die Ängste, der Verlust des Sicherheitsgefühls und andere psychische Schäden sind kaum wieder gut zu machen. Eine Entschuldigung oder eine andere Aktion des Einbrechers sehen die meisten Opfer nicht als wirksam oder ausreichend an, um die Sache als erledigt betrachten zu können.

Manche denken in dieser Situation an Selbstjustiz, also daran, den Täter selbst zu bestrafen. Andere warten das Gerichtsurteil ab. Beides befriedigt die Opfer in der Regel jedoch nicht und heilt auch nicht ihre psychischen Verletzungen.

Nur wenige Opfer suchen Hilfe

Personen, die Opfer eines Einbruchs geworden sind, stehen in Deutschland verschiedene Hilfsangebote zur Verfügung. Sie bestehen hauptsächlich darin, mit psychologisch geschulten Beratern Gespräche zu führen. Allerdings ist die Scheu, institutionelle und bezahlte Hilfe in Anspruch zu nehmen, groß. Denn ein Einbruch hat hierzulande immer noch nicht den Stellenwert eines traumatisierenden Ereignisses, obwohl aktuelle Studien darauf verweisen, dass ein

Einbruch die Geschädigten psychisch aus der Bahn werfen und noch lange nachwirken kann.

Zudem besteht eine generelle Furcht davor, über Sorgen, Ängste und Störungen mit jemandem zu sprechen und zuzugeben, dass man verletzlich ist und Hilfe braucht. Darüber hinaus wollen viele Geschädigte niemanden mit ihren Problemen belasten oder belästigen. Ein weiterer Grund ist, dass viele Opfer keinerlei Unterstützung erwarten und den Einbruch als eine Art Schicksalsschlag betrachten, gegen den man nichts ausrichten könne. Aus diesen Gründen werden psychische und körperliche Symptome in Folge eines Einbruchs in der Regel ignoriert und totgeschwiegen.

Knapp 80 Prozent der Geschädigten machen „die Sache mit sich aus", d.h. sie bleiben mit ihren Gedanken und Gefühlen allein. Sie versuchen, damit zu leben, und hoffen darauf, dass sich die Probleme, die sie aufgrund des Einbruchs haben, mit der Zeit von selbst erledigen (Baurmann u. Schädler 1999).

Die Opfer wünschen sich mehr Verständnis und Unterstützung

Trotz der Scheu davor, sich jemandem anzuvertrauen, entwickeln viele Opfer das Bedürfnis, über den Einbruch und seine Folgen zu reden, vermutlich weil sie spüren, dass es ihnen hilft. Sie wenden sich meistens an vertraute Personen, allerdings weniger an Familienmitglieder, sondern eher an Bekannte.

Einige Opfer wünschen sich auch Beratung und Begleitung, beispielsweise wenn sie zur Polizei oder zum Gericht müssen. Nur ein Drittel erwartet jedoch, dass ihnen jemand in dieser Situation beisteht.

Allgemein wünschen sich viele Geschädigte, dass es in ihrem Leben in jeder Hinsicht bald wieder so wird wie vor dem Einbruch. Sie wollen sich nicht länger als Opfer sehen. Sie möchten die Kontrolle über ihr Leben zurückgewinnen und sich wohl und sicher fühlen. Außerdem wollen sie sich nicht weiter von dem Einbruch beeinträchtigt fühlen und ihn bald hinter sich lassen.

Ihrer Meinung nach sollte es insgesamt mehr Prävention gegen Einbrüche geben, also Information und Aufklärung sowie verstärkten Polizeischutz. Darüber hinaus fordern sie, dass Polizei, Justiz und Mitmenschen mehr Verständnis für sie aufbringen. Ein häufig geäußerter Wunsch besteht außerdem nach mehr niedrigschwelliger, unbürokratischer, psychologischer Hilfe, Begleitung und Beratung für Einbruchsopfer (Bundeskriminalamt Wiesbaden 1996; Ittemann 2003).

So helfen Sie sich selbst nach einem Einbruch

Befragungen von Einbruchsopfern zeigen, dass die meisten Opfer versuchen, erst einmal alleine mit dem Einbruch fertig zu werden. Das ist auch möglich, sofern sie nicht einen schweren psychischen Schock durch den Einbruch erlitten haben oder Symptome von traumatischen Belastungsreaktionen, starke Ängste, Panik oder Depressionen aufweisen. Falls Sie davon betroffen sind, sollten Sie sich an einen Fachmann oder eine Fachfrau wie z.b. an einen Arzt, Psychologen oder Psychotherapeuten (wenn möglich mit einer Zusatzqualifikation in Traumabehandlung) wenden.

Als Faustregel gilt: Wenn die stärksten Symptome und Emotionen nach einer Woche, maximal nach zwei Wochen, noch nicht abgeklungen sind und Sie sich durch den Einbruch immer noch sehr belastet und gestresst fühlen und kaum Ihrem normalen Alltag nachgehen können, sollten Sie sich professionelle Hilfe suchen.

Zuvor können Sie es aber erst einmal mit den Selbsthilfestrategien versuchen, die im Folgenden beschrieben werden.

Informieren Sie sich

Der Einbruch ist passiert – daran lässt sich nun nichts mehr ändern. Sie haben aber Einfluss darauf, ob nochmal eingebrochen wird. Zwar können Sie es niemals ganz ausschließen, aber Sie können das Risiko zumindest beträchtlich senken, indem Sie einem weiteren Einbruch gründlich vor-beugen. Beschaffen Sie sich so viele Informationen über Einbrüche und Sicherheitsmaßnahmen wie möglich. Nützli-che Informationen werden z.b. von der Polizei zur Verfü-gung gestellt. Auch in den Tageszeitungen, im Fernsehen oder im Internet gibt es immer wieder Hinweise, wie Sie sich schützen und Einbrüche verhindern können. Es kann auch lehrreich sein, sich einmal in die Rolle eines Einbre-chers zu versetzen und die Welt um sich herum mit seinen Augen zu sehen.

Indem Sie sich informieren und auf dem Laufenden halten, gewinnen Sie das Gefühl von Sicherheit und Kontrolle über Ihr Leben zurück. Sie fühlen sich nicht mehr ausgeliefert, sondern können handeln. Seien Sie den Tätern am besten immer einen Schritt voraus.

Machen Sie sich keine Vorwürfe

Nach einem Einbruch grübeln viele Geschädigte darüber nach, ob sie eine Mitschuld tragen. Dazu ist zu sagen: Einbrecher besitzen jede Menge kriminelle Energie und arbeiten mit raffinierten Werkzeugen und Tricks, von de-nen die meisten von uns keine Vorstellung haben. Sie über-winden spielend so manche Sicherheitsvorkehrung und dringen mithilfe von Gewalt sogar in gut gesicherte Häuser ein. Sie knacken Ihre Türen und Fenster, selbst wenn Sie nicht leichtsinnig waren und alles gut verschlossen haben.

Machen Sie sich also auf keinen Fall Vorwürfe. Geben Sie sich keine Mitschuld an dem Einbruch. Und lassen Sie sich auch nicht von anderen Personen einreden, dass Sie teilweise selbst schuld an dem Einbruch seien.

Sprechen Sie darüber

Einbruchsopfer neigen dazu, sich zurückzuziehen und mit niemandem über ihre Gedanken und Gefühle zu sprechen. Denn sie wollen niemanden belasten oder belästigen, es ist ihnen unangenehm, und sie haben Angst davor, dass ihnen eine Mitschuld vorgeworfen werden könnte. Manche glauben auch, dass Reden nichts bringt und auch nichts ändert. Sie denken zudem, dass keiner so etwas hören will und auch niemand Zeit hat, um sich mit ihren Problemen abzugeben.

Dem ist entgegenzuhalten, dass es viele Menschen nicht belastet und sie sich auch gerne die Zeit nehmen, um einem geschätzten anderen Menschen zuzuhören und für ihn da zu sein.

Außerdem ist dagegen einzuwenden, dass das Darüber-Sprechen einfach hilft, und zwar jedem. Und wenn ein Darüber-Sprechen nicht möglich ist, dann hilft es auch, darüber zu schreiben.

Sie werden sehen: Es wird Ihnen Erleichterungen verschaffen, die Dinge herauszulassen, die Sie belasten. Suchen Sie sich eine Person, zu der Sie Vertrauen haben. Das kann beispielsweise jemand aus Ihrem Verwandten- oder Bekanntenkreis oder eine Person sein, die für solche Fälle geschult wurde und mit der Sie anonym sprechen können. Solche Gesprächsangebote (z.B. Krisentelefon, Telefonseelsorge) machen z.b. Opferschutzorganisationen, Kirchen oder psychologische Ambulanzen. Ebenso können Sie sich an Ihren Hausarzt (sofern ein Vertrauensverhältnis zu ihm besteht), an einen Pfarrer oder einen anderen Seelsorger sowie an einen Psychologen oder Psychotherapeuten wenden.

Falls Sie nicht darüber sprechen können oder wollen und Ihnen das Schreiben mehr liegt, können Sie Ihre Gedanken und Gefühle auch einem Tagebuch anvertrauen oder sie in Briefen, Dateien oder E-Mails niederschreiben. Bedenken Sie dabei aber, dass solche Dinge vertraulich sind. Achten Sie deshalb darauf, dass Ihr Geschriebenes nur bestimmte Personen erhalten, v.a. wenn es ins Internet gestellt wird (Stockton et al. 2014).

Ein Nebeneffekt Ihres Sprechens oder Schreibens ist übrigens, dass Sie andere Personen auf die Einbruchsgefahr aufmerksam machen und so dazu beitragen, dass weitere Einbrüche eventuell verhindert werden können.

Je mehr mehr Sie über den Einbruch sprechen oder schreiben, desto eher können Sie ihn bald schon innerlich ad acta legen.

Lassen Sie sich von dem Einbruch nicht vereinnahmen

So manches Einbruchsopfer beschäftigt sich mit dem Einbruch gedanklich und emotional so intensiv, dass es scheint, als kreise sein ganzes Leben nur noch darum. Beobachten Sie, wie es um Sie steht: Es ist normal, wenn Sie in den ersten Tagen nach einem Einbruch sehr oft daran denken, von intensiven Gefühlen aufgewühlt werden, schlecht schlafen, sich ängstigen und sich nach allen Seiten absichern. Es ist auch normal, wenn Sie viel darüber sprechen und lesen und sich intensiv damit beschäftigen. Mit der Zeit sollten Sie sich aber wieder davon abwenden und sich Ihrem Leben, wie es vor dem Einbruch war, zuwenden. Denn wenn Sie viele Wochen und Monate auf den Einbruch fixiert bleiben und ihn zu Ihrem Lebensinhalt machen, dann bleiben Sie ein Opfer und kommen nicht mehr aus dieser unangenehmen Rolle heraus.

Lassen Sie sich nicht von den Gefühlen gegenüber der Tat und dem Täter beherrschen. Denn es schadet Ihnen, wenn Sie ständig wütend oder ängstlich sind und sich in solche Emotionen auch noch hineinsteigern. Versuchen Sie deshalb nach einer gewissen Zeit unbedingt, ausgeglichener und gelassener zu werden und inneren Abstand zu dem Einbruch zu gewinnen.

Lassen Sie es nicht zu, dass der Täter durch seine Tat Ihr Leben bestimmt und dauerhaft belastet. Er hat sich zwar materiell bereichert, aber in jeder anderen Hinsicht darf er keine weitere Macht über Sie ausüben. Ändern Sie daher nicht Ihre Lebensgewohnheiten, geben Sie nichts auf, was Ihnen wichtig ist, und schränken Sie sich nicht ein, sondern führen Sie Ihr Leben so weiter, wie es vor dem Einbruch war.

Verschaffen Sie sich inneren Abstand

Nach einem Einbruch ist Ihr Zuhause eine Zeit lang kein privater Ort mehr, sondern ein öffentlicher, denn Ermittler, Handwerker und Menschen aus Ihrem privaten Umfeld gehen ein und aus. Hinzu kommt, dass Ihre Wohnung oder Ihr Haus nicht mehr oder nur teilweise bewohnbar ist und Sie schlimme Erinnerungen damit verbinden. Kurz: Es ist nicht mehr wie vorher, und es wird eine Weile dauern, bis Sie sich in Ihrem Zuhause wieder wohl fühlen – wenn überhaupt noch jemals.

Trotzdem und gerade deshalb sollten Sie einen oder mehrere andere Orte kennen, an denen Sie abschalten, Energie tanken und sich erholen können und an denen Sie innerlich weit weg vom „Tatort" sind.

Wenn möglich sollten diese Orte unkompliziert, gut erreichbar und kostengünstig sein, sodass Sie sich dorthin zurückziehen können, wann immer Ihnen danach ist. Sie sollen so gestaltet sein, dass Sie ruhiger und entspannter werden und Sie sich dort für mehr als eine Stunde wohl fühlen. Außerdem sollten diese Ort Abwechslung und Ablenkung im positiven Sinne bieten, so dass Sie nicht von Ihren traumatischen Erinnerungen und Gefühlen eingeholt werden. Solche Orte sind z.b. Wellness- und Schwimmbäder, Sportplätze, Parkanlagen, Gärten, Tierparks, Kinos, Theater, Fußgängerzonen, Einkaufcenter, Straßencafés, Bibliotheken, Museen, Kirchen und die Natur mit Wiesen, Wäldern, Bergen, Flusslandschaften und schönen Aussichtspunkten.

Suchen Sie diese Orte, die Ihnen zu einem zweiten Zuhause werden sollten, immer wieder auf, bis Ihr Haus oder Ihre Wohnung wieder ein Zuhause für Sie geworden ist bzw. bis Sie ein neues Dach über dem Kopf gefunden haben.

Vertrauen Sie wieder

Nach einem Einbruch geht bei vielen Geschädigten das Vertrauen in die Mitmenschen verloren. Sie werden misstrauisch, sehen an anderen vor allem die negativen Seiten und unterstellen ihnen schnell böse Absichten.

Der teilweise oder vollständige Verlust des Urvertrauens, das bereits in der Kindheit angelegt wird und überlebensnotwendig ist, gehört zu den gravierendsten psychologischen Schäden, die ein Einbruch hinterlässt.

Eine Einbruchserfahrung macht jedoch nicht nur misstrauischer, sondern auch klüger: Viele Einbruchsopfer sind fortan vorsichtiger und aufmerksamer. Sie denken mehr mit, sind sich möglicher Gefahren bewusst und gehen nicht mehr völlig unbedarft und leichtsinnig durchs Leben. Sie bemerken eher, wenn sie einer anlügt oder betrügen will. Zudem können sie Risiken besser vorhersehen und sich und andere entsprechend schützen. Im Grunde ist dies eine psychisch gesunde Haltung, die Vorteile verschafft, sofern sie nicht übertrieben wird.

Für Sie als Einbruchsopfer sollte es ein wichtiges Ziel sein, Ihren Mitmenschen wieder mehr zu vertrauen und ihnen ohne Angst und Misstrauen begegnen zu können. Versuchen Sie, nicht gleich das Schlimmste zu befürchten. Geben Sie Ihren Mitmenschen eine Chance, und verzeihen Sie ihnen Fehler, die aus Versehen gemacht wurden. Machen Sie sich die vielen Situationen bewusst, in denen Ihnen viele Ihrer Mitmenschen zeigen, dass sie Ihr Vertrauen verdienen. Das wäre beispielsweise, wenn zuverlässig Ihr Gehalt oder Honorar eingeht, wenn jemand offensichtlich die Wahrheit sagt, auch wenn ihm das Nachteile bringt, oder wenn jemand etwas Gefundenes zurück gibt. Es gibt mindestens so viele ehrliche wie unehrliche Menschen auf der Welt – Sie müssen nur die Augen offen halten, dann werden Sie diejenigen entdecken, denen Sie vertrauen können.

Sehen Sie das Gute

An einem Einbruch ist definitiv nichts Gutes. Trotzdem kann es Sie mit der Einbruchserfahrung aussöhnen, wenn Sie einmal eine andere Perspektive einnehmen und sich fragen, was Ihnen nach dem Einbruch alles Gutes widerfahren ist. Hier einige Beispiele:

- Sie sind froh, dass die Schäden repariert werden können.

- Es ist beruhigend, dass die Versicherungen für die Schäden zahlen.

- Sie sind erleichtert, dass etwas, das Ihnen sehr am Herzen liegt, nicht gestohlen oder beschädigt wurde.

- Sie sind glücklich darüber, dass niemand angegriffen und verletzt (oder sogar umgebracht) wurde. Es hätte schlimmer kommen können.

- Es beruhigt Sie, dass Sie dem Einbrecher nicht persönlich begegnet sind.

- Der Einbruch gibt Ihnen einen konkreten Anlass, um sich von einigen Möbelstücken zu trennen und die Wohnung umzugestalten. Das haben Sie eigentlich schon längst tun wollen.

- Es tat Ihnen gut, dass die Polizisten freundlich und verständnisvoll reagiert haben.

- Sie sind angenehm überrascht darüber, dass Sie von einigen Menschen aus der Verwandtschaft, aus dem Freundes- und Kollegenkreis oder aus der Nachbarschaft Hilfe und Unterstützung erhalten haben.

- Sie sind dankbar dafür, dass Ihnen jemand zugehört hat.

- Sie sind außerdem dankbar dafür, in einem Land zu

leben, in dem es zahlreiche Hilfs- und Beratungsangebote für Einbruchsopfer gibt. In vielen anderen Ländern
ist dies nicht selbstverständlich.

- Sie verbuchen den Einbruch nicht als Schicksalsschlag,
  sondern als Lernerfahrung. Sie haben durch die Be-
  schäftigung mit dem Einbruch z.b. erfahren, dass Sie
  unterversichert waren, oder Sie haben gelernt, wie Sie
  Ihr Zuhause in Zukunft besser sichern können.

- Sie sind durch den Einbruch ein wenig gereift und vielleicht auch gelassener geworden. Kleine Missgeschicke
  des Alltags können Sie kaum noch erschüttern, wenn
  Sie sie mit dem vergleichen, was Sie wegen des Einbruchs durchgemacht haben.

- Sie haben eine paar nette Menschen kennen gelernt, mit
  denen Sie ohne den Einbruch nie in Kontakt gekommen
  wären.

Wenn Sie ein wenig nachdenken, fallen Ihnen bestimmt
noch weitere Dinge ein, die Ihnen der Einbruch im positiven Sinne beschert hat.

Schaffen Sie sich wieder ein Zuhause

Es ist nicht einfach, sich an einem Ort, in den ein Fremder
eingedrungen ist und an dem ein Verbrechen verübt wurde,
wieder wohl zu fühlen. Als Einbruchsopfer stehen Ihnen im
Prinzip drei Möglichkeiten offen, um auf den Einbruch zu
reagieren:

Die erste Möglichkeit besteht darin, sich eine andere Bleibe zu suchen. Sie wollen damit alles hinter sich lassen. Sie zeigen damit auch, dass Sie nicht daran glauben, dass Sie sich noch einmal in der Wohnung oder dem Haus wohlfühlen können. Es ist ein konsequenter Schnitt, der einerseits einen Neuanfang ermöglicht, andererseits aber auch eine Art Flucht darstellt. Ein Umzug ist allerdings aufwändig und teuer, und es dauert eine Weile, bis man eine neue Bleibe gefunden hat.

Eine zweite Möglichkeit wäre, das Haus oder die Wohnung nicht aufzugeben, sondern für eine bestimmte Zeit woanders unterzukommen, z.b. bei der Familie, bei Freunden, im Hotel oder in einem befristet gemieteten Apartment. Ein temporärer Auszug erlaubt es Ihnen, Abstand zu gewinnen, die Einbruchsspuren zu beseitigen, sich zu beruhigen und dann zu sehen, ob Sie noch in der Wohnung oder dem Haus bleiben wollen.

Die dritte Möglichkeit besteht darin, wohnen zu bleiben. In diesem Fall ist es wichtig, dass Sie alles, was Sie an den Einbruch erinnert, konsequent beseitigen, und dass Sie die Sicherheitsvorkehrungen verbessern. Außerdem sollten sie alles gründlich waschen und reinigen und sich von Dingen trennen, die bei Ihnen Ekel auslösen, nachdem der Einbrecher sich daran zu schaffen gemacht hat, oder die zu sehr mit Erinnerungen an den Einbruch belastet sind. Es hilft zudem, die Wohnung umzudekorieren und neue Möbel und

Gegenstände anzuschaffen. Das Ziel ist, dass Sie Ihr Zuhause wieder zu dem machen, was es vor dem Einbruch war: ein Ort, an dem Sie sich sicher und geborgen fühlen.

Nehmen Sie Abschied

Bei einem Einbruch werden dem Einbruchsopfer Geld, Wertgegenstände und persönliche Dinge entwendet. Das bedeutet nicht nur einen materiellen Schaden, sondern es gehen auch persönliche Erinnerungen und Informationen verloren. Die meisten Einbrüche werden jedoch nicht aufgeklärt, und das Gestohlene wird nicht zurückgegeben. Der Geschädigte muss sich also darauf einstellen, sein Eigentum nie wieder zu sehen. Im Hinblick auf Geld und Wertgegenstände ist dies verkraftbar, wenn der Schaden durch eine Versicherung ersetzt wird. Im Hinblick auf einzigartige, seltene Stücke und persönliche Gegenstände, die vor allem einen immateriellen und emotionalen Wert für den Besitzer haben, schmerzt der Verlust jedoch sehr und wird manchmal nicht überwunden.

In diesem Fall kann es helfen, von dem Gestohlenen im übertragenen Sinne Abschied zu nehmen. Denken Sie sich dazu ein kleines Abschiedsritual aus. Als Vorbild kann Ihnen eine Beerdigung dienen, denn auch bei Beerdigungen muss endgültig Abschied genommen werden. Stellen Sie einige Elemente einer Beerdigung wie z.B. eine kurze Rede, einen Brief, ein Foto oder eine Geste mit der Hand für Ihren Abschied individuell zusammen, und führen Sie das Ritual durch, wenn Sie Zeit und Ruhe haben. Es wird Ihnen dabei helfen, das Geschehene zu begreifen, zu verarbeiten und damit abzuschließen. Ähnlich wie beim Verlust eines geliebten Menschen dürfen Sie um das Gestohlene trauern und es in guter Erinnerung behalten. Sie sollten aber auch loslassen können, den Verlust akzeptieren und sich neuen Dingen zuwenden, denn das Leben geht weiter.

Lernen Sie dazu

Im Leben passieren manchmal schlimme Sachen. Ein Einbruch ist so eine Sache. Denken Sie aber nicht, dass nur Ihnen so etwas passiert. Betrachten Sie den Einbruch auch nicht als Strafe für irgendetwas. Einbrüche sind Verbrechen, von denen jährlich sehr viele Menschen betroffen sind, ohne dass sie etwas dafür können – man könnte es fast mit einer Grippeepidemie vergleichen, bei der auch viele Leute erkranken, ohne daran schuld zu sein. Interpretieren Sie daher nicht zu viel in den Einbruch hinein, und nehmen Sie ihn nicht persönlich.

Wenn es Ihnen hilft, können Sie Halt und Trost in der Religion oder Spiritualität finden. Mit ihrer Hilfe können Sie eventuell einen persönlichen Sinn finden wie z.B. dass Sie etwas daraus lernen und in Zukunft aufmerksamer durch die Welt gehen sollten. Oder dass Sie Ihre Erfahrungen nutzen und an andere weitergeben sollten (Roepke 2015).

Mit einer religiösen oder spirituellen Haltung wird es Ihnen vielleicht auch möglich sein, dem Täter zu verzeihen. Eventuell gelingt es Ihnen, ihn als bedauernswerten Menschen zu sehen, der sich für den falschen Weg entschieden hat und einer gerechten Strafe nicht entgehen wird – eine böse Tat fällt immer auf den Täter zurück. Dem Täter zu verzeihen hilft vor allem Ihnen selbst: Aus der psychologischen Forschung ist bekannt, dass Menschen, die anderen Menschen verzeihen können, ein höheres allgemeines Wohlbefinden haben und ihr Leben als erfüllter empfinden (Van Tongeren et al. 2015). Das Verzeihen fördert es zudem, dass Sie die Sache mit dem Einbruch bald schon hinter sich lassen können.

Nutzen Sie die negative Erfahrung eines Einbruchs dazu, um sich in Zukunft besser abzusichern. Überlegen Sie sich, wie Sie Ihr Verhalten ändern könnten, um den Einbrechern weniger Angriffspunkte zum Einbrechen zu bieten. Informieren Sie sich über Einbrüche, lesen Sie aufmerksam die Berichte in der Tagespresse über Einbrüche, schauen Sie sich Einbruchswerkzeuge und -methoden an, und studieren Sie den Feind, indem Sie z.B. Gerichtsverhandlungen besuchen und sich verschiedene Einbrecher einmal ansehen. Auf diese Weise können Sie die Täter besser einschätzen, und Sie lernen, die Dinge aus ihrer Sicht zu sehen. Das hilft Ihnen, auf mögliche Schwachstellen an Häusern und Wohnungen aufmerksam zu werden und sie zu beseitigen sowie gewissenhafter als bisher zu prüfen, ob alles abgeschlossen und verriegelt ist, bevor Sie Ihr Zuhause verlassen.

Machen Sie sich außerdem die Mühe, Ihre Wertgegenstände zu fotografieren, zu registrieren und zu dokumentieren, um ihren Weiterverkauf zu Erschweren und um Sie beim Auftauchen des Gestohlenen schnell als rechtmäßigen Eigentümer ausmachen zu können.

Fertigen Sie außerdem Kopien von Dateien, Ausweisen und wichtigen Unterlagen an, und bewahren Sie sie außerhalb Ihrer Wohnung oder Ihres Hauses auf (z.B. in einem Bankschließfach), um im Fall eines Einbruchs handlungsfähig zu bleiben und wichtige Daten immer bei der Hand zu haben.

Auch wenn es zunächst nicht plausibel erscheint, so kann eine negative Lebenserfahrung doch dazu beitragen, das ein Geschädigter mental und psychisch reift und sich im Hinblick auf seine Persönlichkeit weiterentwickelt. Arbeiten Sie an sich, dass Sie nicht in ewiger Verbitterung auf den Einbruch zurückblicken, sondern an Lebensweisheit dazugewinnen und Ihren Blick wieder nach vorne richten.

Lassen Sie sich helfen

Viele Menschen in unserer Gesellschaft glauben, dass sie schwierige und belastende Angelegenheiten mit sich selbst ausmachen müssten. Das trifft vor allem auf männliche Personen zu, die dazu erzogen wurden, keine Gefühle oder

Schwächen nach außen zu zeigen. Auch viele Ältere haben Probleme damit, sich anderen anzuvertrauen.

Wenn Sie auch zu diesen Menschen gehören, dann schieben Sie Ihre Bedenken einmal beiseite, und lassen Sie sich dabei helfen, mit dem Einbruch fertig zu werden. Sie sind angegriffen und verletzt worden, zwar nicht körperlich, aber psychisch.

Sie brauchen damit nicht alleine klarzukommen. Wenn Sie sich ein Bein gebrochen haben, meinen Sie ja auch nicht, dass Sie niemandem davon erzählen brauchen und der Knochen schon wieder von alleine zusammenwächst, sondern Sie lassen sich behandeln und helfen, bis Sie wieder ohne Schmerzen und Krücken laufen können. So ähnlich sollten Sie mit Ihrer Seele umgehen: Lassen Sie sich beraten, unterstützen, helfen und begleiten, damit Ihre psychische Verletzung bald wieder abheilt und Sie ohne Wut, Angst, Misstrauen und Schuldgefühle durchs Leben gehen können.

Auch wenn es Ihnen zunächst schwer fällt: Bitten Sie um Hilfe, und nehmen Sie unterschiedliche Hilfsangebote an, die sich speziell an Einbruchsopfer und Opfer anderer Gewalttaten richten. Dazu zählen beispielsweise Gespräche mit Angehörigen und Freunden, Beratungen durch Polizisten, Juristen, Opferschutzinstitutionen und Herstellern von Sicherheitsvorkehrungen, Erfahrungsaustausch mit anderen Einbruchsopfern, Informationen aus unterschiedlichen Medien sowie verschiedene Behandlungs- und Gesprächsangebote von Ärzten, Seelsorgern und Psychotherapeuten.

Ein zusätzliches Hilfsangebot sind internetbasierte Therapien für posttraumatische Belastungsreaktionen, die selbstständig oder unter Anleitung durchgeführt werden können und z.b. von Opferschutzorganisationen und Traumazentren angeboten werden.

Scheuen Sie sich nicht, nach verschiedenen Hilfsangeboten zu fragen und zu recherchieren, auch wenn Ihnen Ihr eigenes Problem (Einbruch) im Vergleich zu anderen Gewalttaten (z.b. Raubüberfall, Vergewaltigung) vielleicht geringfügig erscheint, denn auch Sie als traumatisiertes Einbruchsopfer haben ein Anrecht auf jede erdenkliche Hilfe.

Indem Sie sich informieren, darüber sprechen und nachdenken, setzen Sie sich mit dem Einbruch aktiv auseinander und erhöhen somit Ihre Chancen, ohne Spätfolgen darüber hinweg zu kommen.

Gewinnen Sie Ihr Sicherheitsgefühl zurück

Nach einem Einbruch haben viele Geschädigte das Gefühl, angreifbar, verletzlich und nirgends auf der Welt mehr sicher zu sein. Ihr verloren gegangenes Sicherheitsgefühl können Sie jedoch durch folgende Maßnahmen weitgehend wieder herstellen:

Erstens sollten Sie Ihre Wohnung oder Ihr Haus gut absichern, auch wenn dies mit einigem technischen und finanziellen Aufwand verbunden ist. Sie werden bald wieder ruhig schlafen können, wenn Sie wissen, dass die Sicherheitsvorkehrungen an Ihrem Zuhause kaum noch überwunden werden können.

Zweitens ist es wichtig, dass Sie auf sich selbst vertrauen können. Gewöhnen Sie es sich an, vor dem Verlassen Ihres Hauses oder Ihrer Wohnung nochmal zu kontrollieren, ob wirklich alle Fenster geschlossen und sämtliche Türen verriegelt sind. Benutzen Sie anfangs Listen, damit Sie nichts vergessen oder zu häufig kontrollieren. Schreiben Sie die einbruchgefährdeten Zugänge auf, und machen Sie einen Haken dahinter, wenn Sie sie überprüft haben. Schon bald wird Ihnen dieses Vorgehen zur Routine werden, sodass Sie keine Listen mehr benötigen.

Drittens kann es helfen, sich mit den Mitbewohnern oder Nachbarn zu verbünden. Unterstützen Sie sich gegenseitig darin, ein Auge auf die Wohnung oder das Haus des Anderen zu haben und bei verdächtigen Geräuschen die Polizei zu rufen. Das ist besonders beruhigend, wenn Sie einmal länger abwesend sind, denn Sie wissen, dass jemand da ist, der für Sie aufpasst.

Viertens sollten Sie auch Ihre psychologische (Selbst-)Sicherheit erhöhen. Lesen Sie Bücher, oder gehen Sie in Kurse, die Sie darin unterstützen, Ihr Selbstvertrauen und Ihre Selbstwirksamkeit zu stärken. Unter Selbstwirksamkeit versteht man den Glauben daran, dass man dem Schicksal nicht hilflos ausgeliefert ist, sondern dass man etwas bewirken kann, wenn man will.

Zusätzlich sollten Sie Ihren Optimismus, Ihre Durchsetzungsfähigkeit, Ihr Vertrauen in die Zukunft und Ihre Lebensfreude fördern.

Um innerlich wieder sicherer und stabiler zu werden, können sich auch einmal einen Outdoor-Parcours oder einen Selbstverteidigungskurs besuchen. Beim Durchqueren eines Outdoor-Parcours muss man oft Mut beweisen, um Hindernisse zu überwinden, und man muss Vertrauen in sich selbst, in die Technik und in andere Menschen haben. Diese Erfahrungen lassen sich aufs wirkliche Leben übertragen. In Selbstverteidigungskursen wird offen über potenzielle Gefahren gesprochen, und es werden Möglichkeiten erlernt, um Angriffen vorzubeugen oder sich im Notfall zu verteidigen. Neben dem körperlichen Training sind die Schulung der Aufmerksamkeit und des Selbstvertrauens wichtige Elemente, die Ihnen dabei helfen können, sich vor zukünftigen Angriffen jeglicher Art zu schützen und sich dadurch allgemein sicherer zu fühlen.

Beeinflussen Sie Ihre Gefühle positiv

Nach einem Einbruch können viele unterschiedliche Gefühle auftreten, von Wut über Angst bis hin zu Verzweiflung.

Es sind meistens unangenehme und heftige Gefühle, die sich kaum beherrschen lassen. Im Hinblick auf den Umgang mit solchen Gefühlen sollten Sie sich an Folgendes halten (Berking 2014):

Beachten Sie Ihre Gefühle, denn sie haben eine Funktion. Sie zeigen Ihnen, dass Sie aus dem seelischen Gleichgewicht geraten sind und sind somit als Warnsignale zu verstehen. Auch wenn Ihre Gefühle belastend sind, sollten Sie sie nicht unterdrücken, ignorieren oder verdrängen, denn dann wird alles noch schlimmer. Suchen Sie sich lieber Mittel und Wege, um Ihre Gefühle zuzulassen und auszudrücken und um negative Gefühle abzubauen. Hierzu eignen sich Bewegungen aller Art (z.b. Sport) sowie schriftliche, künstlerische oder stimmliche Äußerungen. Vermeiden Sie hingegen alles, was Ihnen und anderen schaden könnte.

Lernen Sie Ihre Gefühle kennen, indem Sie sich selbst beobachten und eventuell notieren, wann und aus welchem Grund welche Gefühle aufflammen und wieder nachlassen. Auf diese Weise erfahren Sie, was Sie aufregt oder beruhigt und welche Situationen oder Reize Sie eine Zeit lang meiden sollten.

Sorgen Sie für gute Laune, indem Sie so oft wie möglich etwas tun, das Sie aufmuntert und Ihnen Freude bereit. Hier gibt es viele Möglichkeiten wie z.B. sich mit anderen Leu-

ten treffen, einen spannenden Film ansehen, etwas Lecke-
res essen, einen Städtetrip machen, Sport treiben, in der Natur unterwegs sein oder mitreißende Musik anhören.
Sie kennen sich bestimmt gut genug, um zu wissen, was
das alles sein kann.

Lenken Sie sich von den negativen Gedanken und Gefühlen
im Zusammenhang mit dem Einbruch ab, indem Sie Dinge
tun, bei denen Sie ganz auf die Sache konzentriert sind und
die Welt um sich herum vergessen oder durch die Sie auf
unterhaltsame Art neue Eindrücke gewinnen. Falls Ihnen
das schwer fällt, lassen Sie sich von anderen Personen auf
andere Gedanken bringen. Sorgen Sie dafür, dass Sie sich
nicht dauernd mit dem Einbruch beschäftigen, sondern
auch mal wieder fröhlich und unbeschwert sind.

Versuchen Sie, den Stress in Körper und Psyche abzubau-
en, indem Sie sich so oft wie möglich entspannen. Es gibt
viele Arten, um Entspannung zu finden. Hilfreich sind immer Ruhe und Wärme (z.b. in der Sonne liegen, in war-
mem Wasser baden). Darüber hinaus helfen beruhigende
Berührungen und Massagen, Düfte und Klänge, Meditation
und Musik, bestimmte Bewegungen und Körperhaltungen
sowie spezielle Selbstgespräche und Imaginationen (Phan-
tasiereisen, innere Bilder) dabei, innerlich und äußerlich
loszulassen. Es kann sich für Sie auch lohnen, in Kursen
entsprechende Atem- und Imaginationstechniken, Medita-
tionen, Körperübungen und Entspannungsverfahren zu er-

lernen, denn Sie können sie auch in anderen stressenden Situationen einsetzen (Petermann u. Vaitl 2014).

Beeinflussen Sie Ihre Gefühle durch Ihre Körperhaltung und Ihre Gedanken. Die Körperhaltung hat großen Einfluss darauf, wie Sie sich fühlen. Wenn Sie sich besser und selbstsicherer fühlen wollen, sollten Sie eine aufrechte Körperhaltung einnehmen und lächeln. Mithilfe Ihrer Gedanken können Sie Ihre Ängste, Ihre Unsicherheit und Ihr Misstrauen hinterfragen und prüfen, ob sie gerechtfertigt sind. Sie können sich selbst Mut machen und Ihre Aufmerksamkeit darauf richten, eher die schönen Dinge im Leben zu sehen als die weniger schönen. Mithilfe dieser Strategien werden sich Ihre negativen Gefühle schon bald verflüchtigen und stattdessen immer öfter positive Gefühle einstellen.

Setzen Sie Ihre Stärken ein

Sie haben im Leben bestimmt schon die eine oder andere Schwierigkeit überwunden. Denken Sie nur z.B. an Krankheiten oder Prüfungen. Dabei haben Sie Stärken genutzt und Fähigkeiten entwickelt, mit denen Sie Ihre Probleme lösen konnten. Als Beispiele seien genannt: optimistisch und gut gelaunt sein, die Dinge mit Humor nehmen können, verzeihen können, einen Schlussstrich unter einer Sache ziehen können, geduldig sein, Mut haben, kämpfen und sich durchsetzen können, trotz Problemen nicht aufgeben, mit anderen zusammenarbeiten können, kompromissbereit sein, tolerant sein, sich motivieren können, gut reden und zuhören können, helfen und Hilfe annehmen können, aktiv eine Sache in die Hand nehmen, nachdenken und sich konzentrieren können, wissbegierig sein und gerne etwas dazulernen, sich verbessern und weiterentwickeln wollen, sich selbst beruhigen und aufmuntern können, auf sich aufpassen, mit sich alleine und mit anderen gut klar kommen, und vieles mehr (Rashid 2015).

Überlegen Sie sich, wo Ihre persönlichen Stärken und Fähigkeiten liegen und mit welchen davon Sie bisher erfolgreich so manche Krise bewältigt haben. Überlegen Sie sich dann, wie Sie sie einsetzen können oder welche Sie noch erwerben sollten, um über den Einbruch hinwegzukommen.

Werden Sie gleichmütig

Ein Einbruch ist mit viel Aufregung und Stress verbunden. Wenn jedoch das Schlimmste überstanden ist und alle wichtigen Dinge geregelt worden sind, kann eine Gegenmaßnahme darin bestehen, das Geschehene einfach hinzunehmen und keine weitere Energie mehr hinein zu investieren. Insbesondere sollten Sie keine weiteren negativen, hinderlichen Gedanken und keine weiteren negativen, verstimmenden Gefühle zulassen und die Sache somit immer weiter am Laufen halten. Kämpfen Sie nicht, wehren Sie sich nicht, und steigern Sie sich nicht weiter in negative Gedanken und Gefühle hinein. Versuchen Sie stattdessen, gleichmütig, ja gleichgültig zu werden und den Einbruch zu akzeptieren als etwas, das nunmal geschehen ist und das Sie weder ändern noch rückgängig machen können. Machen Sie sich klar, dass es Sonnen- und Schattenseiten im Leben gibt, dass unangenehme Erfahrungen nunmal zum Leben dazugehören und dass man sich so manches im Leben leider nicht aussuchen kann. Lassen Sie die Bilder und Erinnerungen im Zusammenhang mit dem Einbruch an sich vorüberziehen wie einen Film, der Ihnen nichts bedeutet. Betrachten Sie sie wie ein unbeteiligter Zuschauer. Blicken Sie darauf zurück wie auf etwas längst Vergangenes, das in Ihrem jetzigen Leben keine Rolle mehr spielt.

Führen Sie Ihr Leben weiter

Im Zusammenhang mit einem Einbruch gibt es ein paar Dinge, die Sie *nicht* tun sollten (Beck 2013):

- Verzichten Sie darauf, nur noch überängstlich und übervorsichtig zu reagieren und in Zukunft alles übertrieben stark zu kontrollieren und abzusichern.

- Meiden Sie die ganze Angelegenheit nicht, sondern beschäftigen Sie sich mit dem Thema Einbruch.

- Ziehen Sie sich nicht zurück, und bleiben Sie nicht alleine, sondern suchen Sie die Gesellschaft anderer Menschen.

- Versuchen Sie nicht um jeden Preis, alleine mit dem Einbruch fertig zu werden. Suchen Sie sich stattdessen aktiv Hilfe, und nehmen Sie Hilfsangebote an.

- Grübeln Sie nicht, und steigern Sie sich nicht in Ihre Ängste oder in Ihre Wut hinein.

- Machen Sie sich keine Vorwürfe, und lassen Sie sich auch keine machen.

- Verdrängen Sie Ihre Gefühle nicht, sondern akzeptieren Sie sie, und beeinflussen Sie sie zum Positiven.

- Entwickeln Sie keine Ängste und übertriebenes Misstrauen gegenüber fremden Menschen.

- Nehmen Sie keine Drogen oder Medikamente, um den Einbruch zu vergessen, negative Gefühle loszuwerden oder sich zu betäuben. Schaden Sie sich und andere Personen auch sonst nicht in irgendeiner Weise.

- Lassen Sie sich Ihr Leben von der Straftat nicht zerstören, verzichten Sie auf nichts, und geben Sie nichts auf. Führen Sie Ihr Leben stattdessen so weiter, wie es vor dem Einbruch war – nur aufmerksamer und sicherheitsorientierter.

Um sich schrittweise Ihr altes Leben zurückzuerobern, können Sie folgendermaßen vorgehen:

- Schritt 1: Schreiben Sie auf, was Ihnen in Ihrem Leben, wie es vor dem Einbruch war, wichtig gewesen ist. Überlegen Sie auch, wie Ihr Leben normalerweise ablief und wie Sie sich gefühlt haben.

- Schritt 2: Schreiben Sie nun auf, was sich in Ihrem Leben seit dem Einbruch verändert hat und wie es Ihnen seither ergeht. Denken Sie dabei an Ihr Verhalten, an Ihre Gefühle und an Ihre Aktivitäten. Vielleicht sind Sie ängstlicher geworden und schlafen nachts schlechter. Eventuell kontrollieren Sie alles mehrmals, bevor Sie das Haus verlassen, haben aber trotzdem noch ein ungutes Gefühl. Vielleicht haben Sie ein Hobby aufgegeben oder Ihr Selbstvertrauen verloren. Möglicherweise haben Sie sich zurückgezogen und Freundschaften aufgegeben. Eventuell leiden auch Ihre Leistungen in Schule, Ausbildung oder Beruf darunter.

- Schritt 3: Schreiben Sie zuletzt auf, was in Ihrem Leben wieder so sein soll wie früher. Stellen Sie anschließend einen Plan auf, der viele kleine, praktische Aktionen enthält. Fragen Sie sich beispielsweise, ob Sie etwas verändern können, und wenn ja, wie Sie es verändern können. Überlegen Sie sich, ob Sie dazu Hilfe benötigen, beispielsweise Ratschläge, praktische Unterstützung, technische Geräte oder mehr Know-how. Schreiben Sie auf, wo Sie ansetzen können und was Sie ganz konkret unternehmen wollen, um die Dinge, die Ihnen früher wichtig gewesen sind, wieder zu tun oder zu besitzen.

Lassen Sie sich von dem Einbrecher nicht Teile Ihres Lebens wegnehmen, sondern erobern Sie sich zurück!

Kümmern Sie sich um andere

Auch wenn Sie nach einem Einbruch stark mit sich selbst beschäftigt sind, sollten Sie nicht den Blick dafür verlieren, dass auch andere Personen von den psychologischen Auswirkungen von Einbrüchen betroffen sein könnten. Möglicherweise sind sie ebenfalls verängstigt oder traumatisiert. Achten Sie deshalb darauf, ob sich Ihr Partner, Ihre Kinder oder andere Personen aus Ihrem engeren privaten Umfeld (z.b. ältere Verwandte oder Nachbarn) durch den Einbruch in negativer Weise verändert haben und beispielsweise stark verunsichert sind. Sprechen Sie mit ihnen darüber, und überlegen Sie gemeinsam, ob sie Hilfe benötigen und wie diese aussehen könnte.

Besonders Kinder und Jugendliche verhalten sich nach einer traumatisierenden Erfahrungen oft anders als vorher. Ihr auffälliges Verhalten (z.b. Rückzug oder Aggressivität) wird von Erwachsenen schnell als Ungezogenheit und Launenhaftigkeit missverstanden und entsprechend geahndet. Die Kinder sind jedoch gleich doppelt bestraft: zum einen, weil sie durch den Einbruch traumatisiert worden sind, zum anderen, weil ihre Eltern sie missverstehen und ungerecht behandeln.

Es ist deshalb im Zusammenhang mit einer Gewalttat wichtig, dass Sie als Eltern, Verwandte, Lehrer oder Erzieher die Signale der Kinder und Jugendlichen richtig interpretie-

ren und auf die betroffenen Minderjährigen einfühlsam eingehen.

Sie sollten Verständnis und Geduld für die Kinder und Jugendlichen aufbringen und ihnen entsprechende Hilfe zukommen lassen. Hierbei können Sie sich Unterstützung von
Experten wie z.b. von Erziehungsberatern, Kinderpsycho-
logen und Kinder- und Jugendlichenpsychotherapeuten holen, die spezielle Methoden einsetzen können, um heraus-
zufinden, was mit einem Kind oder Jugendlichen los ist und
wie ihm geholfen werden kann.

Lernen Sie von anderen

Nach einem Einbruch haben viele Opfer zunächst das Gefühl, ganz allein mit diesem Problem auf der Welt zu sein.
Das ist jedoch unrealistisch, denn es werden jedes Jahr allein in diesem Land Tausende Menschen zu Einbruchsopfern! Es gibt mittlerweile Millionen von Menschen auf der
ganzen Welt, die diese Erfahrung miteinander teilen! Sie
sind also keinesfalls allein. Da liegt es doch eigentlich
nahe, dass Sie diesen Erfahrungspool nutzen und von anderen Betroffenen etwas erfahren und lernen.
Indem Sie beispielsweise mit anderen Einbruchsopfern
sprechen oder mit ihnen chatten, twittern oder mailen, erfahren sie, wie es ihnen nach einem Einbruch erging und
was sie getan haben, um damit fertig zu werden. Sicherlich
eignen sind nicht alle Tipps und Methoden auch für Sie,
aber interessant und lehrreich ist dies allemal.

Halten Sie Ausschau nach einem oder mehreren Vorbildern, also nach Menschen, denen es Ihrer Meinung nach gut gelungen ist, einen Einbruch zu verkraften und ihn endgültig hinter sich zu lassen. Vielleicht begegnen Ihnen solche Personen in Ihrem persönlichen Umfeld, vielleicht lesen Sie darüber oder sehen solche Personen im Fernsehen oder im Internet. Möglicherweise entdecken Sie auch ein hilfreiches Buch von einem Betroffenen, oder ein Prominenter berichtet, wie er mit dem Einbruch umgegangen ist. Schauen Sie genau hin, was diese Vorbilder getan haben, und überlegen Sie, was Sie davon selbst umsetzen können.

Verbünden Sie sich

Einbrecher sind auch deshalb so erfolgreich, weil ihre Opfer alleine und isoliert sind. Wären die Opfer hingegen in Gruppen, ständen sie in Kontakt und würden sie konsequent einander beistehen, hätten Einbrecher weitaus weniger Erfolg.

Bleiben Sie deshalb in dieser Sache nicht für sich, sondern ergreifen Sie Mittel und Wege, um eine menschliche Abwehrfront gegen Einbrecher zu errichten. Sie könnten beispielsweise Folgendes tun:

Treten Sie in Kontakt mit anderen Einbruchsopfern, z.B. über Selbsthilfegruppen oder über Foren im Internet. Indem Sie sich gegenseitig informieren und austauschen, erfahren Sie, dass Sie mit Ihrem Problem nicht alleine sind. Sie erhalten Verständnis und Unterstützung. Sie erfahren, wie es anderen nach dem Einbruch ging und was sie taten, um damit fertigzuwerden. Und Sie haben die Möglichkeit, anderen mit Ihren Erfahrungen zu helfen.

Geben Sie Ihr Wissen weiter. Informieren Sie die Menschen in Ihrer näheren Umgebung über das, was Ihnen passiert ist, und geben Sie ihnen Tipps und Hinweise, wie sie Einbrüche vermeiden können. Wenn Sie journalistisch tätig sind, können Sie das Thema medial bearbeiten und z.b. einen Presseartikel, einen Online-Beitrag oder ein Buch darüber verfassen. Vielleicht ist es Ihnen auch möglich, an öffentlichen Diskussionsrunden, Informationsveranstaltungen, Meinungsumfragen, Beratungssendungen oder Talkshows zum Thema mitzuwirken.

Schließen Sie sich Nachbarschaftsinitiativen an (oder gründen Sie eine), die dazu dienen, sich gegenseitig gegen Einbrecher zu schützen.

Nehmen Sie Aufklärungs- und Beratungsangebote der Polizei und von Opferschutzorganisationen an, und unterstützen Sie diese Institutionen bei ihrer Arbeit. Werden Sie vielleicht sogar selbst ein ehrenamtlicher Berater für Einbruchsopfer.

Fordern Sie von den Politikern mehr Polizeischutz und eine verbesserte Aufklärung von Einbrüchen.

Fordern Sie eine bessere internationale Zusammenarbeit und entsprechende gesetzliche Lockerungen, sodass Einbrecher auch über die Landesgrenzen hinweg effektiv verfolgt werden können.

Fordern Sie außerdem, dass nicht nur materielle, sondern auch immaterielle (z.B. psychische) Schäden registriert und schadensersatzpflichtig werden.

Werden Sie selbst politisch aktiv, und nehmen Sie Einfluss auf die innere Sicherheit des Landes.

Setzen Sie sich für abschreckende Strafen für Einbrecher ein. Setzen Sie sich auch dafür ein, dass Einbrecher die Chance bekommen, ehrlich ihren Lebensunterhalt zu verdienen und psychotherapeutisch behandelt zu werden.

Machen Sie sich für mehr psychologische und psychotherapeutische Hilfsangebote für Einbruchsopfer stark.

Tun Sie sich mit anderen Menschen zusammen, und zeigen Sie den Einbrechern auf unterschiedliche Weise, dass Sie sich nichts mehr gefallen lassen.

Nehmen Sie sich Zeit

Einen Einbruch psychisch zu verarbeiten ist ähnlich wie eine körperliche Verletzung zu kurieren: Es wird gelegentlich weh tun, man muss sich schonen, und es wird seine Zeit brauchen. Stellen Sie sich darauf ein, dass es Wochen und Monate dauern kann, bis Sie den Einbruch weitgehend überwunden haben und kaum noch daran denken. Rechnen Sie auch damit, dass Gedanken, Gefühle und Erinnerungen an den Einbruch immer mal wieder aufflammen und Sie in Angst oder Wut versetzen.

Haben Sie bis dahin Geduld mit sich selbst. Beschimpfen oder bestrafen Sie sich nicht, wenn Sie wegen des Einbruchs wütend, gereizt oder ängstlich werden. Nehmen Sie sich vielleicht eine Auszeit, z.B. ein paar Tage Urlaub weit weg von Ihrem Zuhause, um zu sich zu kommen. Klären Sie Ihre Mitmenschen darüber auf, was mit Ihnen los ist, und bitten Sie sie um Verständnis und Geduld.

Seien Sie gegenüber sich selbst freundlich und mitfühlend, und achten Sie darauf, dass Sie sich eine Zeit lang so wenig (anderem) Stress wie möglich aussetzen, um nicht noch zusätzlich belastet zu werden. Sorgen Sie gut für sich, und nehmen Sie sich so lange Zeit für sich selbst, bis Sie das Gefühl haben, dass Sie innerlich von dem Einbruch und seinen Folgen wieder genesen sind.

So helfen Sie anderen nach einem Einbruch

Seien Sie für den Betroffenen da

Ein Einbruchsopfer braucht jemanden, der ihm zuhört und Verständnis hat. Denn es hilft dem Opfer über das Geschehene hinweg, wenn es von seinen Erlebnissen, Gedanken und Gefühlen im Zusammenhang mit dem Einbruch berichten kann.

Verbringen Sie daher so viel Zeit mit dem Betroffenen, wie Sie erübrigen können. Hören Sie ihm geduldig zu, auch wenn er sich wiederholt. Unterbrechen Sie ihn nicht, sondern lassen Sie ihn ausreden. Falls Sie selbst schon einen Einbruch miterlebt haben, hilft es dem Einbruchsopfer, wenn Sie von Ihren Wahrnehmungen, Gefühlen und Erfahrungen berichten. Zeigen Sie Verständnis dafür, dass der Betroffene neben sich steht und sein Leben durch den Einbruch für einige Zeit außer Kontrolle geraten ist. Trösten Sie ihn, falls nötig.

Bieten Sie dem Betroffenen Hilfe und Unterstützung an, aber drängen Sie sie nicht auf. Sie brauchen auch keine therapeutischen Qualitäten an den Tag legen oder gute Ratschläge geben. Verhalten Sie sich dem Betroffenen gegenüber am besten so, wie Sie es gerne hätten, dass Ihnen jemand beisteht, wenn Ihnen etwas Schlimmes widerfahren ist.

Machen Sie dem Betroffenen keine Vorwürfe

Viele Einbruchsopfer glauben, dass sie Mitschuld am Einbruch haben. Für sie wird es noch schwerer, wenn auch ihre Mitmenschen ihnen Vorwürfe machen. Das ist jedoch ungerecht und hilft niemandem. Vermeiden Sie daher jede Art der Schuldzuweisung. Machen Sie dem Einbruchsopfer auf keinen Fall Vorwürfe, sondern erklären Sie ihm, dass einzig und allein der Einbrecher an allem schuld ist.

Helfen Sie dem Betroffenen dabei, sein altes Leben zurückzuerobern

Es fällt einem Einbruchsopfer häufig schwer, sein altes Leben wieder aufzunehmen. Denn es steht immer noch sehr unter den Eindrücken des Einbruchs, wird von negativen Gefühlen dominiert und hat möglicherweise psychische Probleme bekommen. Eventuell ist es auch antriebslos geworden und kann sich selbst aus seiner Situation nicht herausholen.

Helfen Sie dem Betroffenen dabei, wieder ganz der frühere Mensch zu werden, indem Sie ihn aufheitern und auf andere Gedanken bringen. Lenken Sie ihn mit Aktivitäten ab, die er gerne mag und die nicht allzu anstrengend sind.

Versuchen Sie behutsam, Ängste und Hemmungen abzubauen, die der Betroffene durch den Einbruch entwickelt hat. Ermuntern Sie ihn dazu, den Einbruch nicht zu schwer zu nehmen, auf nichts aus Angst zu verzichten und so weiterzuleben, wie vor dem Einbruch.

Unterstützen Sie den Betroffenen tatkräftig

Mehr als Worte helfen häufig Taten. Unterstützen Sie den Betroffenen beim Aufräumen und Saubermachen. Nehmen Sie ihn, falls nötig, ein paar Tage bei sich auf. Helfen Sie ihm, seinen Alltag in den Griff zu bekommen. Entlasten Sie ihn, indem Sie z.b. seine Kinder stundenweise betreuen oder Einkäufe für ihn erledigen. Begleiten Sie ihn zur Polizei, zu Behörden und zum Gericht. Unterstützen Sie ihn beim Ausfüllen von Unterlagen für die Behörden und die Versicherungen. Helfen Sie ihm bei Bedarf dabei, sich psychologische Beratung oder psychotherapeutische Hilfe zu suchen.

Ein Einbruchsopfer ist oft so sehr mit sich und dem Einbruch beschäftigt, dass es alles andere um sich herum vergisst. Achten Sie deshalb darauf, ob es weitere Betroffene gibt, z.B. Kinder oder ältere Personen. Sprechen Sie mit allen Beteiligten, und machen Sie darauf aufmerksam, dass vielleicht nicht nur das Einbruchsopfer, sondern auch noch weitere Personen Unterstützung und Hilfe benötigen.

Falls Sie als Ersthelfer oder Berater tätig sind, sollten Sie dem Einbruchsopfer eine schnelle und unkomplizierte Hilfe zukommen lassen. Je eher ein Betroffener nach einem Einbruch Unterstützung erfährt, desto geringer ist das Risiko, dass er ernsthafte psychische Störungen davonträgt.

Klären Sie den Betroffenen über seine rechtliche Situation und über Entschädigungsmöglichkeiten auf. Helfen Sie ihm auch dabei, nach der Erstversorgung Anschlussbehandlungen und -hilfsangebote zu finden, wie z.b. eine traumatherapeutische Behandlung oder die Teilnahme an Selbsthilfegruppen.

Für den Notfall

Falls Sie gerade von einem Einbruch überrascht worden sind und nicht wissen, was Sie als Nächstes tun sollen, kann Ihnen vielleicht Folgendes helfen:

Beruhigen Sie sich

Kümmern Sie sich erst einmal um sich selbst. Die Schäden sind zunächst nebensächlich – viel wichtiger sind jetzt Sie! Atmen Sie ein paar Mal tief durch. Schließen Sie kurz die Augen. Bewegen Sie sich. Gehen Sie an die frische Luft.

Bringen Sie sich in Sicherheit

Falls Sie nicht wissen, ob der Täter noch in der Wohnung oder im Haus ist, sollten Sie nicht hineingehen, denn das könnte gefährlich werden. Gehen Sie zurück auf die Straße, setzen Sie sich in Ihr Auto, oder begeben Sie sich an einen anderen Ort, an dem Sie sich sicher fühlen. Rufen Sie dann die Polizei. Sie wird feststellen, ob noch jemand in der Wohnung oder im Haus ist.

Führen Sie alle notwendigen Maßnahmen durch

Betreten Sie Ihr Haus oder Ihre Wohnung nicht, damit die Spuren des Einbrechers nicht zerstört werden. Überlassen Sie Ihre Wohnung oder Ihr Haus der Polizei und der Spurensicherung. Sehen Sie darüber hinweg, dass diese oft viel Dreck und ein Durcheinander hinterlassen.

Bleiben Sie in dieser hochgradig belastenden Situation nicht allein. Rufen Sie jemanden an, der Ihnen beisteht und Sie beruhigt. Falls Sie niemanden in Ihrem persönlichen Umfeld haben, können Sie sich auch an eine Opferschutzorganisation wenden.

Sie stehen wahrscheinlich unter Schock und sind deshalb nicht ganz zurechnungsfähig. Tun Sie daher in den nächsten Stunden (und eventuell Tagen) nach dem Einbruch nichts, was Ihre volle Aufmerksamkeit und gute Nerven erfordert, wie z.B. ein wichtiges geschäftliches Telefonat führen, eine lange Autofahrt unternehmen oder eine Prüfung absolvieren.

Wenn es Ihnen möglich ist, sollten Sie die erste Nacht und eventuell auch einige weitere Nächte nach der Entdeckung des Einbruchs nicht in Ihrer Wohnung oder in Ihrem Haus verbringen, denn es schläft sich nicht gut, wenn man noch nicht alles gesäubert, aufgeräumt und repariert hat und eventuell befürchtet, dass der Einbrecher wiederkommt. Quartieren Sie sich kurzfristig in einem Hotel, in einer Ferienwohnung oder bei Verwandten oder Freunden ein, bis Sie die Aufräumarbeiten erledigt haben und sich in Ihren vier Wänden wieder halbwegs wohl fühlen.

Sollte es Ihnen nicht möglich sein, woanders zu übernachten, dann richten Sie sich Ihr Nachtlager in dem Zimmer ein, das am wenigsten vom Einbruch betroffen worden ist.

Das kann zur Not auch das Bad oder die Küche sein.

Wenn es Ihnen aufgrund des Schocks schlecht geht und Sie sich überhaupt nicht beruhigen können, sollten Sie sich in einer Apotheke oder bei einem Arzt ein Beruhigungsmittel besorgen, das Ihnen hilft, die ersten Tage zu überstehen.

Kümmern Sie sich als nächstes um die Formalien. Dokumentieren Sie die Schäden und Verluste schriftlich und mit dem Fotoapparat, am besten zusammen mit einem Zeugen. Melden Sie den Schaden der Versicherung. Lassen Sie sich beim Ausfüllen der Unterlagen eventuell von jemandem unterstützen. Wenn Sie zur Miete wohnen, sollten Sie auch den Vermieter informieren, vor allem wenn der Einbrecher Schäden an Türen und Fenstern verursacht hat.

Machen Sie sich dann ans Aufräumen, Putzen und Reparieren. Holen Sie sich dazu Unterstützung von Verwandten, Freunden und Nachbarn, Handwerkern sowie Putz- und Aufräumdiensten. Bei dieser Gelegenheit sollten Sie auch die Sicherheitsvorkehrungen verbessern. Wenn Sie Eigentümer sind, sollten Sie sich entsprechend beraten lassen und ruhig mal etwas investieren.

Wenn Sie Mieter sind, sollten Sie Ihren Vermieter darauf ansprechen. Es hängt allerdings vom Vermieter ab, ob er bereit ist, in einen verbesserten Einbruchsschutz zu investieren. Hat der Vermieter kein Einsehen, ist dies ein Grund, sich auf lange Frist eine andere Bleibe zu suchen.

In den folgenden Tagen und Wochen kommen möglicherweise einige Behördengänge auf Sie zu. Sie sollten z.B. Anzeige erstatten. Vielleicht müssen Sie auch bei der Identifizierung des Täters mitwirken oder werden als Zeuge vor Gericht geladen. Es kann auch sein, dass Sie Entschädigungsansprüche haben. Diese müssen Sie bei den zuständigen Stellen geltend machen.

Das ist für Menschen, die den Umgang mit Behörden und Gerichten nicht gewohnt sind, oft sehr nervenaufreibend. Lassen Sie sich daher beraten und begleiten, z.B. von Freunden und Bekannten, von einem Rechtsanwalt oder von Mitarbeitern von Opferschutzorganisationen.

Informieren Sie sich

Beschaffen Sie sich so viele Informationen über Einbrüche und Einbrecher wie möglich. Verfolgen Sie die Berichterstattung über Einbrüche in der Presse, im Internet und im Fernsehen. Stellen Sie sich darauf ein, wenn es Neuigkeiten im Bereich des Wohnungseinbruchs gibt, z.B. neue Methoden und Werkzeuge, neue Tricks der Einbrecher oder neue Tätergruppen.

Ändern Sie entsprechend Ihres neu gewonnenen Wissens Ihr Verhalten in der Weise, dass Sie aufmerksamer und sicherheitsbewusster werden. Nehmen Sie außerdem die vielfältigen Angebote der Polizei, der Opferschutzorganisationen und der psychologischen Hilfsdienste wahr.

Nutzen Sie verschiedene Hilfsangebote und Entschädigungsmöglichkeiten

Erste Hilfe ist für Opfer von Gewalttaten oft kostenlos. So übernehmen beispielsweise einige Opferschutzorganisationen die Kosten für die Erstberatung durch einen Anwalt oder durch einen Psychotraumatologen sowie für eine körperliche, rechtsmedizinische Untersuchung. Auch Krankenkassen, Kliniken mit Traumaambulanzen, verschiedene Behörden, die Kirchen sowie zahlreiche Stiftungen und Vereine machen Gewaltopfern Hilfs- und Beratungsangebote und unterstützen sie finanziell.

Sollte Ihnen während des Einbruchs körperliche Gewalt angetan worden sein, haben Sie eventuell Anspruch auf Entschädigung. Informieren Sie sich in diesem Zusammenhang über das sog. Opferentschädigungsgesetz (OEG).

Sprechen Sie darüber

Schreiben Sie Ihre Gedanken, Gefühle und Erfahrungen auf, oder sprechen Sie darüber. Dadurch konfrontieren Sie sich mit dem Einbruch und verdrängen ihn nicht.

Das hilft Ihnen dabei, mit dem Einbruch seelisch fertig zu werden. Außerdem hilft das Sprechen oder Schreiben dabei, die Gedanken zu ordnen, unnötiges Grübeln zu beenden und innere Spannungen abzubauen. Ein positiver Nebeneffekt ist, dass Sie Ihr Wissen und Erfahrungen im Zusammenhang mit einem Einbruch an andere Menschen weitergeben. Das trägt dazu bei, dass auch andere in Zukunft aufmerksamer und sicherheitsbewusster sind und dass dadurch eventuell einige Einbrüche verhindert werden können.

Geben Sie auf sich acht

Sorgen Sie dafür, dass Sie in Sicherheit sind und einen Ort finden, an dem Sie sich wohl fühlen und entspannen können. Das kann Ihre Wohnung oder Ihr Haus, aber auch ein anderer Ort sein.

Sorgen Sie für Ihr seelisches Wohlbefinden, indem Sie sich ablenken, für gute Laune sorgen und etwas tun, das Ihnen wichtig und sinnvoll erscheint. Bauen Sie innere Anspannung und negative Gefühle auf konstruktive Weise ab. Schaden Sie sich nicht durch übermäßiges, verringertes oder riskantes Verhalten (z.B. Essen, Trinken, Schlafen, Bewegen), und konsumieren Sie keine Medikamente oder Drogen. Sorgen Sie dafür, dass andere Stressfaktoren in Ihrem Leben für einige Zeit reduziert werden. Passen Sie auf sich auf, um keinen weiteren Schaden zu nehmen.

Literatur

Baurmann M, Schädler W: Das Opfer nach der Straftat – seine Erwartungen und Perspektiven. Wiesbaden: Bundeskriminalamt 1999

Beaton A, Cook M, Kavanagh M, Herrington C: The psychological impact of burglary. Psychology, Crime and Law 2000; 6(1-2): 33-43

Beck J: Praxis der kognitiven Verhaltenstherapie. Weinheim: Beltz 2013

Berking M: Training emotionaler Kompetenzen. Heidelberg: Springer 2014

Bongartz: Nutze Deine Angst. Frankfurt: Fischer 2013

Boos A: Kognitive Verhaltenstherapie nach chronischer Traumatisierung. Göttingen: Hogrefe 2014

Bundeskriminalamt Wiesbaden: Das Opfer und die Kriminalitätsbekämpfung Wiesbaden: Bundeskriminalamt 1996

Bundeskriminalamt Wiesbaden: Diebstahl, Einbruch und Raub. Wiesbaden: Bundeskriminalamt 1958

Bundesministerium des Inneren: Polizeiliche Kriminalstatistik 2013. Berlin 2013. http://www.bmi.bund.de

Caballero M, Ramos L, Saltijeral M: Posttraumatic stress dysfunction and other reactions of the victims of house burglary. Salud Medal 2000; 23(1): 8-17

Chung M, Stedmon J, Hall R, Marks Z, Thornhill K, Mehrshahi R: Posttraumatic stress reactions following burglary. Traumatology 2014; 20(2): 65-74

Ittemann A: Der Wohnungseinbruch ein Bagatelldelikt? Diplomarbeit. Villingen-Schwenningen: Fachhochschule für Polizei 2003

Kaiser G: Kriminologie: Ein Lehrbuch. Heidelberg: Müller 1996

Kuroki M: Crime victimization and subjective well-being. Journal of Happiness Studies 2013; 14(3): 783-794

Niklewski G, Riecke-Niklewski R: Ängste überwinden. Berlin: Stiftung Warentest 2010

Nöllke M: Mein sicheres Zuhause. Planegg: Haufe 2009

Petermann F, Vaitl D: Entspannungsverfahren. Weinheim: Beltz 2014

Polizeipräsidium Köln: Kölner Studie 2011. Modus operandi beim Wohnungseinbruch. Köln 2012

Rashid T: Positive psychotherapy. Journal of Positive Psychology 2015; 10(1): 25-40

Roepke A: Psychosocial interventions and posttraumatic growth. Journal of Consulting and Clinical Psychology 2015; 83(1): 129-142

Rosner R, Steil R: Ratgeber Posttraumatische Belastungsstörung. Göttingen: Hogrefe 2009

Sautter C: Wenn die Seele verletzt ist. Ravensburg: Verlag für Systemische Konzepte 2012

Schneider HJ: Einführung in die Kriminologie. Berlin: de Gruyter 1993

Staubli S, Killias M, Frey B: Happiness and victimization. European Journal of Criminology 2014; 11(1): 57-72

Stockton H, Stephen J, Hunt N: Expressive writing and posttraumatic growth. Traumatology 2014; 20(2): 75-83

Tilley N, Webb J, Gregson M: Vulnerability to burglary in an inner-city area. Issues in Criminological and Legal Psychology 1991; 2(17): 112-119

Townsley M, Birks D, Bernasco W, Ruiter W, Johnson S, White G, Baum S: Burglar targe selection. Journal of Research in Crime and Delinquency 2015; 52(1): 3-31

Van Tongeren D, Green J, Hook J, Davis D, David J, Ramos M: Forgiveness increases meaning in life. Social Psychological and Personality Science 2015; 6(1): 47-55

Vaughn M, DeLisi M, Beaver K, Howard M: Toward a quantitative typology of burglars. Journal of Forensic Sciences 2008; 53(6): 1387-1392

Weitere Bücher und Websites

Aus Psychologie und Psychotherapie

Psychologie und Psychotherapie sind faszinierende Wissensgebiete. Viele Menschen möchten mehr darüber erfahren, wenn möglich aktuell und aus unabhängigen Quellen. Die Website „aus-psychologie-psychotherapie.jimdo.com" bietet eine Auswahl an Themen aus der klinischen Psychologie und der Psychotherapie. Es werden Links zu Artikeln zur Verfügung gestellt, die sich im Archiv des „Deutschen Ärzteblatts" befinden und von Dr. Marion Sonnenmoser ab 2002 verfasst wurden. Das Angebot wird ständig aktualisiert und erweitert.

Internet: **aus-psychologie-psychotherapie.jimdo.com**

Echt schön – Wie Sie mit Ihrem Körper Freundschaft schließen

2012

Eine krumme Nase, zu viel Speck auf den Hüften oder faltige Haut – kein Mensch ist perfekt. Während die einen auch mit ihrem unvollkommenen Körper ein glückliches Leben führen, leiden andere übermäßig an ihrer Unzufriedenheit mit dem eigenen Äußeren – bis hin zu seelischen Problemen und Erkrankungen. Dass in Werbung und Castingshows nur junge und perfekte Körper präsentiert werden, verschiebt den Blick für die Realität und erzeugt zusätzlichen Druck.

Das Buch „Echt schön – Wie Sie mit Ihrem Körper Freundschaft schließen" macht Mut, sich diesem Schönheitswahn zu entziehen, und erklärt, wie man sich aus dem Teufelskreis der Selbstabwertung befreien und mit dem eigenen Körper Freundschaft schließen kann.

Internet: **www.patmos.de**

Heimweh bei Kindern vorbeugen und verringern

2016
Viele Kinder und Jugendliche, die ohne ihre Eltern verreisen, bekommen Heimweh. Es gibt jedoch zahlreiche Möglichkeiten, um Heimweh vorzubeugen und es während einer Reise, eines Ferienlagers, einer Freizeit, eines Schüleraustausch, eines Au-pair-Jahres und bei sonstigen Auswärts-Aufenthalten zu verringern.

In dem Buch „Heimweh bei Kindern vorbeugen und verringern – Ein Ratgeber für Eltern, Lehrer und Betreuer" und auf der Website „heimweh-bei-kindern.jimdo.com" wird beschrieben, wie Eltern, Lehrer und Betreuer Kindern bei Heimweh effektiv helfen und auch bei sich selbst Heimweh verhindern können.

Internet: **heimweh-bei-kindern.jimdo.com**

Integrieren leicht gemacht
2016
Jeder Mensch muss sich im Lauf seines Lebens in zahlreiche Gruppen integrieren, zum Beispiel in eine Familie, ein Arbeitsteam, einen Verein, eine Schulklasse, eine Nachbarschaft, eine bestimmte Gruppe oder in eine Kultur. Welche Voraussetzungen dafür nötig sind und wie es gelingen kann, sich und andere erfolgreich einzubinden, beschreiben das Buch „Integrieren leicht gemacht – So integrieren Sie sich und andere in Familien, Teams, Vereine, Gruppe und Kulturen" und die Website „integrieren-leicht-gemacht.jimdo.com" anhand von 25 Grundhaltungen und Strategien.
Internet: **integrieren-leicht-gemacht.jimdo.com**

Schluss mit Heimweh – Was Sie gegen Heimweh tun können
2014
Heimweh ist weit verbreitet. Nicht nur Kinder und Jugendliche leiden darunter, sondern auch Erwachsene. Viele wissen jedoch nicht, was sie gegen Heimweh tun können.
In dem Buch „Schluss mit Heimweh – Was Sie gegen Heimweh tun können – ein Selbsthilfebuch" und auf der Website „schluss-mit-heimweh.jimdo.com" wird beschrieben, was Heimweh ist, wie man es vermeidet und wie man damit fertig werden kann.
Internet: **schluss-mit-heimweh.jimdo.com**
English version: **bye-bye-homesickness.jimdo.com**

Bye-bye homesickness – How to cope with homesickness

2014

Homesickness is very common. Not only children and tee-nagers suffer from it, but also adults. However, many people don't know how to combat homesickness. The book „Bye bye homesickness – How to cope with homesickness – A self-help book" and the website „bye-bye-homesickness.jimdo.com" contain information about homesickness, e.g. how to avoid and reduce it and how to cope with it.

Internet: **bye-bye-homesickness.jimdo.com**

deutsche Version: **schluss-mit-heimweh.jimdo.com**

www.ingramcontent.com/pod-product-compliance
Lightning Source LLC
Chambersburg PA
CBHW070749290526
45795CB00002B/541